LE PLURALISME COHÉRENT DE LA CHIMIE MODERNE

DU MÊME AUTEUR
À LA MÊME LIBRAIRIE

Essai sur la connaissance approchée (1987), « Bibliothèque des Textes Philosophiques », 2016, 306 pages.

Étude sur l'évolution d'un problème de physique. La propagation thermique dans les solides (1928), préface de A. Lichnerowicz, « Bibliothèque des Textes Philosophiques », 2003, 190 pages.

Études (1970), présentation de G. Canguilhem, « Bibliothèque des Textes Philosophiques – Poche », 2002, 88 pages.

La formation de l'esprit scientifique. Contribution à une psychanalyse de la connaissance (1938), « Bibliothèque des Textes Philosophiques – Poche », 1993, 304 pages.

Les intuitions atomistes. Essai de classification (1933), « Bibliothèque des Textes Philosophiques – Poche », 2016, 180 pages.

La valeur inductive de la relativité, (1929), « Bibliothèque des Textes Philosophiques – Poche », 2014, 180 pages.

BIBLIOTHÈQUE DES TEXTES PHILOSOPHIQUES

Fondateur : Henri GOUHIER Directeur : Emmanuel CATTIN

Gaston BACHELARD

LE PLURALISME COHÉRENT DE LA CHIMIE MODERNE

Seconde édition

PARIS

LIBRAIRIE PHILOSOPHIQUE J. VRIN

6, Place de la Sorbonne, V e

2016

Imprimé en France

ISSN 0249-7972
ISBN 978-2-7116-0044-1

www.vrin.fr

AVANT-PROPOS

Ce livre n'est pas à proprement parler une histoire de la Chimie. Il correspond plutôt à un essai de philosophie chimique. Autrement dit, bien que tous les arguments qu'il contient soient pris systématiquement dans des faits historiques, la thèse centrale est une idée philosophique, ou plutôt le jeu dialectique de deux idées philosophiques : la pensée du chimiste nous paraît en effet osciller entre le pluralisme d'une part et la réduction de la pluralité d'autre part. Ainsi on voit d'abord que la Chimie n'hésite pas à multiplier les substances élémentaires, à considérer des composés hétérogènes, livrés souvent par le hasard de l'expérience. C'est là le premier temps de la découverte. Puis une sorte de scrupule intervient et l'on sent le besoin d'un principe de cohérence, tant pour comprendre les propriétés des substances composées que pour saisir le vrai caractère des substances élémentaires.

Or il s'en faut de beaucoup que les deux mouvements de l'alternative aient été également mis en valeur par les historiens de la chimie. Naturellement c'est surtout la découverte de substances chimiques qui marque le progrès de la science et quand on suit la science, là où elle progresse vraiment, au laboratoire, on voit avec quelle subtilité l'expérimentation manie l'analyse. Le chimiste multiplie en quelque sorte les « distinguo ». C'est par un travail de distinction expérimentale qu'il crée ou trouve des substances nouvelles. Au philosophe alors revient l'ingrate besogne des « confundo » !

Tel est bien le mot qui traduit notre tâche. Il la traduit même doublement. En effet il s'agit pour nous de montrer qu'un effort d'assimilation succède à toute tentative de diversité ; mais de plus, cette tâche de fusion est menée par une pensée confuse, par une pensée sourde et tacite. C'est cette pensée que nous avons cru utile d'expliciter. Nous voudrions avoir marqué sa permanence au cours de l'évolution scientifique, prouvé que lorsqu'elle reste cachée, elle est encore efficace. Si elle paraît parfois inactive, c'est qu'elle est satisfaite à bon marché, c'est qu'une intuition philosophique vient souvent apporter au travailleur scientifique une fausse lumière, une trompeuse évidence. Un mot suffit parfois pour introduire l'unité, pour sanctionner un idéal d'identité. Ainsi, pour prendre un exemple tout moderne, il est frappant que le philosophe puisse appuyer un monisme matérialiste sur cette simple déclaration que la matière est électrique. Expliquer l'unité fondamentale des substances chimiques par le qualificatif d'*électrique* n'est guère plus démonstratif que d'invoquer, comme au XVIIIe siècle, l'unité de plan de la nature.

Mais cette facilité à admettre tout principe d'unité renforce notre thèse : derrière tout pluralisme on peut reconnaître un système de cohérence. Ce système est naturellement toujours plus ou moins hypothétique. Les hypothèses, si elles sont fécondes, ont d'ailleurs deux rôles : la coordination du savoir et la mise en action d'expériences nouvelles. Ces hypothèses, en partie bien connues, nous n'avons pas cru cependant qu'il fût inutile de les souligner. Après de longues hésitations, nous avons en effet acquis la conviction que les progrès de la Chimie, science expérimentale et positive entre toutes, étaient commandés par les idées systématiques, et que ce n'était pas mal à propos que tant de chimistes, en essayant de prendre une vue générale de l'histoire de leur science, avaient été conduits à des ouvrages de philosophie chimique.

Mais il y a plus et voici un caractère un peu nouveau de notre propre ouvrage. Nous nous sommes demandé *si cette philosophie chimique était nécessairement substantialiste.* Nous avons cru alors apercevoir que cette philosophie substantialiste reconnue traditionnellement comme un caractère de la Chimie, si elle éclairait vraiment la première phase de l'alternative dont nous parlions plus haut, faisait place, quand intervenait la deuxième phase, à une philosophie animée par des thèmes généraux, éclairée par des vues unitaires qui sont loin de satisfaire à un réalisme aussi accentué qu'on a coutume de le dire. C'est donc cette deuxième apparence plus cachée, souvent douteuse, toujours équivoque, que nous nous sommes efforcé de mettre en lumière. Au lecteur de juger si nous avons donné trop d'importance à ce caractère qui passe sans doute pour dépourvu d'importance. Au lecteur de juger si nous avons trop généralisé une idée qui passe pour si générale et si simple qu'on ne croit même pas devoir l'exprimer.

*
* *

Voici maintenant dans ses grandes lignes le plan de notre travail.

Pour bien marquer le sens philosophique de notre

ouvrage, nous avons commencé par poser le problème de la diversité du phénomène chimique en termes très généraux. C'est là l'objet de l'*introduction.*

Ensuite, dans une série de chapitres, nous avons entrepris de montrer comment l'ordre s'établissait peu à peu dans les observations variées ; comment, en fixant avec exactitude les compositions et les proportions, on introduisait toujours plus de pensée dans l'expérience, toujours plus de lumière rationnelle dans l'empirisme ; comment les *classifications en devenant vraiment naturelles, devenaient rationnelles* ; comment la synthèse obéissait de plus en plus à des principes, à une méthode et finalement à une *géométrie de la substance.*

Toute la première partie de notre ouvrage a été ainsi divisée en chapitres nécessairement morcelés puisqu'ils sont le récit d'une unité de pensée en formation, dont on doit saisir toutes les tentatives pour en comprendre mieux la réussite.

Mais dans la deuxième partie du livre, la pensée dont nous suivons la trace s'éclaire d'une lumière plus vive. En effet, avec Mendéléeff, commence pour la *Chimie générale* une ère nouvelle. Si les Lavoisier et les Dalton ont aidé à distinguer les éléments chimiques en dégageant leurs caractères qualitatifs et pondéraux vraiment singuliers, Mendéléeff a entrevu une doctrine générale des qualités particulières et préparé l'harmonie des substances.

Prenant alors l'intuition de Mendéléeff sous sa première forme, nous avons montré comment elle s'est adaptée de mieux en mieux aux recherches positives modernes. Nous avons en particulier essayé de développer l'étonnante affirmation que l'*ordre* des substances élémentaires avait une racine dans la Réalité. Une filiation d'abord unilatérale s'enrichit de liens chaque jour plus nombreux. Nous avons tracé en détail l'histoire de cet enrichissement. Nous avons ainsi conduit le problème de l'harmonie de la matière jusqu'à l'époque contemporaine. Un tel élan théorique doit multiplier les raisons de recherches expérimentales. Il pourra donc se faire que l'expérience retrouve des occasions de divergence et que de nouveaux détails viennent compliquer les problèmes. Mais on ne peut nier que la Chimie contemporaine ait découvert, dans ses grandes lignes, le plan général des substances élémentaires.

Resterait à prévoir l'harmonie que la *Chimie mathématique* qui vient de naître prendra comme première tâche. Comme une révolution est déjà visible dans cette voie, nous nous rendons compte que l'effort philosophique que nous avons fait pour écrire ce livre devra par la suite être repris sur une nouvelle base. Bientôt en effet, ce sera par la philosophie des mathématiques qu'il faudra aborder la philosophie chimique. On trouvera des raisons de convenance mathématique pour expliquer l'affinité des substances et pour fonder une sorte de systématique où les divers éléments recevront leurs propriétés en trouvant leur juste rôle. Non pas que le règne de la quantité et de la mesure ne surmonte à jamais le règne de la qualité. Mais la raison du triomphe des mathématiques sur ce nouveau terrain sera la soudaine souplesse prise par leurs principes. Les mathématiques modernes sont en effet autant la science de l'ordre que la science du nombre. C'est précisément par ce biais qu'elles peuvent étudier les problèmes de combinaisons, d'arrangements, de groupes, posés par les organisations intra-atomiques, organisations qui doivent rendre compte de certaines propriétés inter-atomiques. Le philosophe peut résumer cette tendance de la Chimie mathématique en une seule formule : La qualité s'ordonne, elle donnera donc une prise assurée à la pensée mathématique. Nous nous bornerons dans les derniers chapitres à indiquer l'introduction des mathématiques dans la Chimie.

INTRODUCTION

LE PROBLÈME PHILOSOPHIQUE DU DIVERS

On a tendance à attribuer au *donné* une *diversité* inépuisable. En d'autres termes, on prend le *donné* et le *divers* comme synonymes et l'on affirme, sans discussion, que la variété des phénomènes est immédiate ; on pose même comme une fonction primordiale du phénomène son caractère de diversité prodigieuse et gratuite, multipliée aussi bien dans les formes que dans les substances, dans les qualités que dans les changements. Les rapports du donné et du divers sont cependant philosophiquement plus complexes.

En effet si l'élimination du divers par le général, la règle, la loi, le genre s'opère à partir du donné grâce à l'activité de la réflexion, on peut constater aussi que la variété se reforme derrière même ces premières conquêtes de l'unification théorique et que la réflexion est également fort propre à multiplier les points de vue et à faire surgir d'un donné, qui semblait uniforme, les aspects particuliers, l'exception, le détail. Nous ne pouvons penser le normal sans imaginer l'anormal.

On objectera sans doute que cette diversité reconquise est une diversité dominée par cela même qu'elle apparaît au sein d'un système du Monde déjà organisé par une pensée claire. Cette objection revient à oublier ce qu'il y a de provisoire dans toute description minutieuse du phénomène. En fait, c'est par la nouveauté des découvertes suggérées qu'une vue générale prouve sa valeur. On ne demande pas simplement à une vue générale d'être étendue, on lui demande d'être extensible. La diversité sort à nouveau, avec une puissance et une prodigalité renouvelées, de la pensée même qui avait unifié une diversité antécédente. S'il n'y a de science primitive que du général, il n'y a de science en progrès que dans la conquête des spécifications. C'est d'ailleurs la généralité saisie comme généralisation, dans le sens de la synthèse, qui nous montre le chemin des spécifications. Le particulier n'est pas étudié dans une analyse. Il est toujours reconstitué, et il est reconstitué comme une somme de caractères abstraits, tirés d'un vaste domaine imprécis sans qu'on puisse vraiment saisir — en dépit des affirmations de la psychologie élémentaire — l'action d'une pensée analytique. Nous ne devons pas nous laisser tromper par la fausse évidence du caractère immédiatement réciproque de l'analyse et de la synthèse. En fait, comme nous aurons maintes occasions de le montrer, ce sont des procédés qui ne s'inversent pas commodément. Si ces méthodes sont semblables par les termes qu'elles relient, elles sont différentes par leur perspective et surtout par l'extrapolation épistémologique qui continue leur mouvement. Dans le problème de la réduction du divers, analyse et synthèse n'ont certainement pas des rôles réciproques.

Vu dans ses grandes lignes et non plus seulement dans une description particulière, le rapport de la diversité et de l'unité de la pensée scientifique n'est pas moins utile à considérer. Si la pensée scientifique, comme on le dit souvent, tend à l'unité dans l'explication, elle tend aussitôt à la diversité dans la découverte et dans l'invention. S'il est vrai qu'on n'invente que dans le domaine même où l'explication a préparé les voies et que les fonctions de l'invention correspondent déjà à des explications que l'inventeur se donne à lui-même, il faut cependant bien comprendre que les preuves dominantes d'une explication claire sont les preuves mêmes de la fécondité de cette explication. L'explication qui, par fonction, se réfère à un acquis ancien doit être cependant un facteur de nouveauté. Ainsi la pensée unifiante doit avant tout faciliter une diversification nouvelle. C'est là sa fonction active, c'est là qu'elle montre sa vraie valeur.

Finalement on voit la pensée philosophique et scientifique s'animer dans une dialectique qui va du divers à l'uniforme pour retourner de l'uniforme au divers. Devant une telle alternative sans cesse renversée, il est sans doute vain de poser un problème d'origine. Qu'importe que la connaissance commence par l'aperception du divers ou par la constitution de l'identique puisque la connaissance ne s'arrête ni dans le divers ni dans l'identique ! Au surplus, la connaissance est par principe si manifestement inachevée que les conditions de son devenir sont en fin de compte plus intéressantes que le tableau des éléments de son état ; autrement dit, à toute connaissance doit s'adjoindre un problème, une perspective de recherches. La connaissance est un désir alternatif d'identité et de diversité.

Dans le problème de la diversité du donné, la réflexion philosophique a rapidement fait une division essentielle.

On a bien vite compris qu'il y avait lieu d'envisager séparément la diversité des formes et la diversité des substances.

En ce qui concerne la diversité des formes, il apparaît presque immédiatement qu'elle n'est pas susceptible d'une analyse limitée par le fait même que la forme, c'est précisément la libre diversité. En effet, la forme apparaît, par essence, comme déformable. Sans doute, dans des principes de symétrie plus ou moins généralisée, dans des principes de correspondance ponctuelle, d'achèvement complémentaire, de répétition ornementale, on pourrait trouver des moyens pour déduire et classer les formes prises d'abord dans leur diversité immédiate. Mais cet effort de réduction, ou bien reste extérieur et factice, tout géométrique, ou bien il réclame aussitôt une recherche plus profonde. On tend alors à expliquer la forme par la matière. On a en effet l'impression que si l'on réussissait à expliquer par l'activité d'une substance les caractères géométriques des attributs, on aurait résolu l'énigme essentielle du réel. C'est là un postulat contenu implicitement dans toutes recherches qui tendent à prouver la réalité profonde de la forme. Pour ne citer qu'un livre moderne, aussi dégagé que possible de toute métaphysique, on peut lire dans les « Principes de Morphologie générale » de M. Monod-Herzen (1). « La Forme se présente donc comme la résultante de modifications physiques élémentaires, et elle n'est, parmi beaucoup, que *l'une des réactions de la Matière.* »

Ainsi on prend comme allant de soi que l'attribut est une production de la substance et que toute diversité

(1) T. I, p. 200.

qu'on peut expliquer sans recourir à une diversité substantielle n'est qu'une diversité apparente et superficielle, finalement négligeable. On s'accorde donc le droit de laisser de côté le pluralisme de composition formelle ; ou du moins, on fait le départ entre certaines compositions qu'on tient pour essentielles, et d'autres compositions d'une inutile richesse qui n'apparaissent que dans une action secondaire, quand le hasard interfère avec la loi. Dans une telle philosophie de la matière, la seule racine de la diversité des phénomènes serait donc la diversité des substances. Nous désignerons sans doute assez bien cette philosophie en disant que c'est une philosophie chimique.

En sacrifiant ainsi la richesse du phénomène immédiat, il semble que le chimiste assure à jamais sa philosophie réaliste. Cependant nous essaierons de montrer que ce qu'il y a de solide dans cette philosophie réaliste, c'est sa « naïveté ». Quand il faudra en venir aux preuves vraiment expérimentales, vraiment scientifiques, nous verrons que *l'extension* d'un même attribut à *diverses* substances joue un rôle primordial devant lequel s'efface le réalisme naïf de la substance. Nous aurons alors à nous demander si une philosophie qui cherche ses preuves dans des expériences qui transcendent la diversité des substances, mérite bien le nom de réalisme. Nous reviendrons souvent sur cette objection qui correspond à une idée directrice de notre livre. Il nous suffit pour l'instant que nous puissions conclure que le problème de la diversité se pose naturellement à deux niveaux différents : il y a une diversité qui joue à la surface du phénomène ; nous ne nous en occuperons pas ; il y a une diversité plus profonde, susceptible de caractériser les substances multiples ; c'est cette multiplicité que nous nous donnons pour tâche de préciser.

Nous allons d'ailleurs trouver tout de suite une raison pour circonscrire encore le problème du pluralisme substantiel.

En fait, dans la philosophie antique, toute réduction de la diversité substantielle apparaît toujours comme une *perte de qualité* ou au moins comme une dissolution de la qualité complexe au profit de quelque qualité posée arbitrairement comme simple et stable. C'est ce sacrifice de la qualité mobile, fugace, contingente qui va en quelque partie rationaliser la science des substances et livrer cette science aux oppositions dialectiques simples et claires.

Deux grandes voies se sont offertes, dès l'origine, pour cette simplification qualitative de la substance :

La première a bientôt rejoint la théorie des qualités immédiates particulièrement saillantes : sec, humide, chaud, froid, lourd... On atteint ainsi à une doctrine des *éléments* que quelques auteurs classent, sans doute à tort, parmi les théories atomistiques (1). Cette intuition conduit en effet à une explication par le phénomène d'ensemble, par la propriété générale, par le grand, à l'inverse, croyons-nous, de l'atomisme véritable. Il faut voir dans ces éléments, comme le dit M. G. Urbain (2) « moins des catégories de substances que des catégories d'états ». Et ces états sont si généraux qu'ils ne représentent de toute évidence qu'un aspect de premier examen. Ils sont in-

(1) Cf. MABILLEAU, *Histoire de la philosophie atomistique*.

(2) G. URBAIN, *Les notions fondamentales d'élément chimique et d'atome*, p. 1.

suffisants pour déterminer un classement et un apparentement des substances.

Le long de la deuxième voie d'explication, on procède par analyse ou du moins par morcellement et l'on trouve le concept d'atome. Pour une étude systématique de la diversité matérielle, ce concept d'atome a manifestement un grand avantage sur le concept d'élément. En effet les doctrines atomistiques marquent pour le moins que les atomes sont susceptibles de composition par cela même qu'ils ont été obtenus par décomposition. Malheureusement, l'Antiquité ne fait pas la preuve expérimentale de la composition exacte et réelle ; elle se borne à cette composition toute logique et peut-être tout étymologique qui permet sans débat de rapprocher ce qu'on a d'abord séparé. Il faudra venir jusqu'à la chimie des temps modernes pour saisir la valeur philosophique des problèmes de la composition à l'égard d'une explication de la diversité substantielle.

Un côté essentiel de la question est d'ailleurs laissé dans l'ombre pendant de nombreux siècles : on ne pose jamais nettement dans l'Antiquité le problème de la *multiplicité* des atomes. M. Lalande remarque finement (1) que le mot atome est presque toujours au pluriel dans les textes anciens. Ce pluriel est sans doute le signe du caractère mal défini de la réduction des qualités diverses. Il laisse entendre qu'un *type d'atome*, que *l'atome* n'est pas suffisant pour expliquer le phénomène. Et l'on ne sent pas, dans l'Antiquité, la nécessité philosophique de donner une exacte mesure de la diversité matérielle ; on

(1) *Vocabulaire technique et critique de la philosophie*, Art. Atome.

ne tente à aucun moment d'énumérer, comme il conviendrait, tous les types atomiques nécessaires mais strictement suffisants pour reconstruire les phénomènes.

Au surplus, comment donnerait-on une doctrine constructive du divers quand on accepte ce divers aussi facilement dans les atomes que dans les phénomènes? On ne se demande pas davantage quelle pourrait être la part des nécessités épistémologiques dans toute réduction de la multiplicité phénoménale. Comme le remarque très justement Mabilleau (1), il y a dans l'attribution de l'infinité des formes phénoménales à l'infinité des particules matérielles comme un « axiome d'école qui ne repose sur aucune démonstration positive... D'après Aristote, les atomistes auraient accordé à leurs éléments une infinie variété de figures, parce que les phénomènes nous offrent cette même variété ». Combien nous sommes loin de l'idée de puissance de composition telle que nous la verrons dans la chimie moderne qui n'hésite pas à constituer des formes géométriques avec des atomes de formes indéterminées !

Ainsi, à la faveur d'un postulat tacite, le problème du divers est évincé, mais non résolu. On suppose des atomes aussi bien pour rendre raison de certaines uniformités dans les phénomènes que pour expliquer ce qui donne la diversité aux phénomènes. L'atomisme est ainsi une doctrine à deux fins ; il prend une position curieusement intermédiaire entre l'*identité des lois et la diversité des choses*. L'intérêt philosophique d'une telle position moyenne ne peut pas échapper. Malheureusement, les philosophies atomistiques ont laissé indéter-

(1) *Loc. cit.*, p. 192.

minée *l'extension* de la doctrine. Elles ont pris comme allant de soi le droit de substituer à une diversité phénoménale non recensée une diversité atomique non précisée. Le problème philosophique du divers n'a pas avancé d'un pas.

Une partie de nos efforts dans les pages suivantes sera appliquée à étudier cet axiome laissé à la base de tout atomisme. Nous voudrions contribuer ainsi à faire un compte exact du pluralisme substantiel. Le pluralisme atomistique, plus que toute autre doctrine, doit se constituer organiquement et justifier très explicitement de l'extension de ses principes, sous peine de ne correspondre qu'à une substitution verbale. Nous verrons que la science moderne seulement a compris la nécessité d'une telle coordination des principes de l'explication matérielle.

Nous prendrons donc le problème du divers tel qu'il est traité dans la science moderne. Ce serait au philosophe — et non pas à l'épistémologue — que reviendrait la tâche d'élucider les raisons qui ont empêché les doctrines antiques et médiévales d'entreprendre une réduction systématique de la diversité et d'établir ainsi un *pluralisme minimum*. L'épistémologue en effet ne doit travailler que sur des données historiques vraiment saillantes. Sa discipline s'attache à des faits que la science a effectivement rencontrés, à des pensées qui ont effectivement préoccupé les savants et surtout les écoles. Pour l'épistémologue, une idée valable, c'est une idée qui a eu de l'influence.

Un chapitre nous suffira pour montrer les premières formes du problème. On verra que la maîtrise du divers par la pensée ne se pose dans l'ordre des substances qu'à la suite d'un lent progrès. En prenant la chimie moderne à sa naissance, à la fin du XVIIIe siècle, et en suivant ses efforts de classification, nous serons amenés à reconnaître qu'une systématique de la diversité chimique est une tâche essentiellement seconde, parce que les principes de classification ne sauraient être immédiats. Dans ce domaine, il faut avoir constitué des espèces pour trouver le caractère du genre. Ainsi les propriétés basiques ou acides qui devaient jouer un si grand rôle dans la classification des espèces chimiques ne sont pas aussi immédiates qu'on pourrait le croire. Elles ne peuvent apparaître avec constance que dans des conditions de pureté difficiles à atteindre. L'étude du général est finalement beaucoup plus obscure en chimie qu'en physique. L'une des raisons de cette difficulté c'est que la généralisation en chimie est plus gratuite et par conséquent plus périlleuse que la généralisation d'ordre mécanique. C'est au fond ce qu'exprime Boerhaave dans sa première leçon de Chimie (1) : « Quand les chimistes eurent découvert l'action qui était propre à un corps particulier, ils regardèrent cette propriété comme universelle et avancèrent hardiment qu'elle était la même dans tous les corps, enfermant ainsi toutes les actions de la nature dans les limites étroites de cette manière d'agir. » L'intuition chimique de cette époque supposait l'état essentiellement mêlé de toutes les qualités. Un corps particulier pouvait donner, pour une qualité particulière, un exemple plus saillant qu'un autre corps ; chacun des corps possédait cependant *toutes* les qualités chimiques, exac-

(1) Cité par Mme Metzger, *Les Doctrines chimiques*, p. 25.

tement comme il possédait toutes les qualités physiques et mécaniques. Les conceptions chimiques au début du XVIIIe siècle en étaient à peu près au point où se trouve notre intuition philosophique actuelle des phénomènes de la vie : nous n'imaginons en effet qu'un principe de vie qu'un élan vital, de la même manière que les anciens chimistes imaginaient qu'il n'y avait qu'une forme d'activité chimique. On comprend facilement combien une telle intuition de l'*activité chimique* devait faire obstacle à une juste appréciation de la diversité substantielle ; et comme on le voit, ce qui manquait, c'était la préoccupation de la juste *extension* des qualités.

Un deuxième ordre de difficultés sur lequel nous insisterons, c'est que les qualités chimiques générales n'arrivent pas à l'objectivité par une voie unique. Il en résulte pour l'objectivation une curieuse dualité que nous aurons à souligner. Le général, en chimie, est en effet affecté par un relativisme évident de la qualité, puisque les qualités chimiques d'un corps particulier mettent naturellement en jeu les autres corps de la chimie. Ce relativisme doit nous amener à poser sur un plan tout nouveau — précisément sur le plan de l'*extension* — le traditionnel problème de la substance, toujours étudié dans l'ordre de la compréhension.

Quand on aura pu dresser, après de nombreuses tentatives, un panorama complet des différentes substances, on verra la diversité de la nature chimique s'ordonner et s'éclairer. D'abord le problème de la *composition* des substances se présentera sous un jour nouveau ; on pourra vraiment suivre, d'un corps composé à un autre corps composé, l'image et les liens généraux de la composition. Des plans de plus en plus précis et à la fois de plus en plus étendus et extensibles nous permettront de rationaliser en quelque sorte la composition, au point que les qualités des composés pourront être prévues avant toute expérience. Nous ne consacrerons cependant qu'un chapitre aux problèmes des substances composées, car tous ces problèmes ont fait l'objet de nombreux exposés. Nous n'avons à les reprendre que sous l'angle de notre point de vue particulier. Nous dirigerons plutôt nos efforts vers l'examen d'une systématique des substances élémentaires, puisque aussi bien l'ensemble des éléments constitue le *pluralisme de base*. Nous verrons alors que l'isolement qualitatif où un phénoménisme paresseux prétendait laisser les diverses substances a été surmonté au cours de l'évolution scientifique du siècle dernier. Là encore, un tableau synoptique viendra solidariser les éléments divers. Dans le domaine même des corps simples, la diversité perdra alors cette irrationalité qui la caractérisait de prime abord. Des lois inter-substantielles se feront jour. Une perspective qualitative régulière sera visible qui reliera un élément à un autre. Un élément particulier montrera une loi qu'un autre élément illustrera avec des variantes. On verra apparaître toute une harmonie qualitative qui, sous les variations, finira par indiquer nettement le véritable thème.

L'ordre d'explication des phénomènes sera lui-même changé. Nous aurons en effet à mettre en lumière un caractère épistémologique tout nouveau dans la chimie moderne. Il nous faudra pour cela montrer qu'on saisit la relation qui va d'une substance particulière à ses attributs par le seul fait qu'on connaît la place de la substance dans le plan général de toutes les autres substances. Il ne s'agira plus d'une expérience toujours centrée sur l'individu ou sur l'espèce, mais bien sur le genre. Cela déterminera un renouveau nominaliste qui fera de la nomenclature chimique une véritable méthode de connaissance. On nommera pour connaître plus que pour reconnaître et la classification des substances élémentaires se révèlera elle-même animée par une pensée active qui désigne une place régulière pour un objet avant de trouver cet objet.

C'est là, croyons-nous, une méthode de pensée qui déroge à quelques-uns des postulats philosophiques essentiels du réalisme commun. Cette méthode étudie bien un objet, mais les singularités de cet objet sont autant de scandales intolérables ; il faut en venir à les effacer en tant que singularités et pour cela, pas d'autres moyens que de retrouver les mêmes singularités plus ou moins atténuées dans un objet de prime abord différent. L'assimilation des substances, qui est si naturelle dans le règne homogène de la quantité, fait son apparition dans le règne des qualités qui semblaient confinées par nature dans leur hétérogénéité. Les substances chimiques apparaissent alors comme des exemples de lois plutôt que comme des exemples de choses. On ne retiendra donc de l'étude d'une substance particulière que les raisons d'une induction très spéciale, audacieuse entre toutes, puisque cette induction est une extrapolation systématique des qualités substantielles.

Nous sommes ainsi en face d'une question dont l'importance philosophique ne peut échapper : comment la connaissance d'une substance particulière peut-elle être affinée, précisée, multipliée, par la connaissance d'une substance différente, ou mieux encore par la connaissance tout extensive de l'ensemble des substances ? Comment expliquer que la connaissance approfondie d'un corps particulier se révèle moins puissante pour nous faire comprendre le faisceau de ses qualités propres, que l'étude comparative suivie sur un corps nettement différent ? D'où vient cette soudaine supériorité de la comparaison sur la contemplation, de la connaissance discursive sur la connaissance intuitive ?

En répondant à ces questions, nous verrons se constituer dans la chimie moderne une harmonie progressive des formes substantielles. On aboutit ainsi à un pluralisme entièrement nouveau pour la philosophie, car il apparaît nettement défini et coordonné, tandis que toute autre doctrine similaire est comme le symbole du nombre indéfini et de l'indépendance des éléments. En d'autres termes, le pluralisme de la Chimie contemporaine est un *pluralisme cohérent.* La diversité y devient organique, l'expérience y est sous-tendue par des liaisons rationnelles qui peuvent, par leur propre extension, multiplier la diversité elle-même. On peut alors dire d'une manière paradoxale qu'on réduit la diversité en l'accroissant, car en introduisant des corps nouveaux dans des séries de corps incomplètement connues, on substitue la connaissance de la série à la connaissance des corps particuliers. *On simplifie en complétant.* On s'approche aussi de l'idéal rationnel : on substitue la loi aux faits dispersés, la règle aux exemples.

Un tel pluralisme cohérent s'affermirait encore si l'on pouvait dégager tout ce qui appartient à la catégorie de *communauté* dans la méthode expérimentale du chimiste. Cette catégorie totalise en quelque sorte la catégorie de substance et celle de causalité. C'est donc bien la catégorie de communauté qui nous permet de comprendre comment un corps peut agir qualitativement sur un autre corps, comment une substance peut servir à dégager les propriétés chimiques d'une autre substance, comment deux matières différentes peuvent coopérer pour donner une matière qui n'est pas désignée à partir des composants par des propriétés moyennes mais par des propriétés toutes nouvelles. C'est en accentuant le rôle métaphysique de la catégorie de communauté qu'on accèderait peut-être le plus naturellement au problème central de la métachimie.

Quoi qu'il en soit, en s'étendant progressivement à des substances de plus en plus nombreuses, on peut dire, pour employer une formule kantienne (1), que la catégorie de communauté arrive à remplacer les principes de subordination par les principes de coordination. Nous placerons cette remarque au rang des pensées directrices de cet ouvrage. Elle peut souligner une réaction contre le réalisme initial de la pensée chimique. En effet, alors que la subordination des attributs aux substances peut rester l'idéal d'une science ontologique qui croit à la fois à la puissance productive de la substance et à la puissance déductive de la connaissance, il faut en venir à la coordination des attributs entre eux, puis à la coordination des substances entre elles, quand on veut saisir l'expérience chimique dans ce qu'elle a d'essentiellement corrélatif, de même que la pensée théorique dans ce qu'elle a d'essentiellement inductif. C'est seulement ainsi qu'on rend compte de la nécessité d'une substance pour en révéler une autre. Objectivement parlant,

(1) Cf. KANT, *Critique de la Raison pure*, trad. Barni, t. I, p. 124.

toutes les propriétés chimiques sont relatives. Dégager le caractère corrélatif des notions de la chimie, voilà donc la véritable tâche d'une philosophie chimique.

Dans cette voie, une harmonie s'établit au sein de la diversité phénoménale. On ne réalise plus cette harmonie en se référant à un principe métaphysique plus ou moins vague, en invoquant un facteur caché qui produirait les phénomènes par une puissance de singularisation attachée à l'être. Tout au contraire, on reste prudemment dans le plan même où le divers se présente à notre examen. On tâche de trouver les coordinations phénoménales des phénomènes et on finit par s'apercevoir que ces coordinations s'épurent en s'étendant, s'enrichissent en se généralisant, *deviennent plus rigoureuses en devenant plus inductives*, bref que l'irrationalité recule dans la proportion où augmente *l'extension* de notre expérience.

Cependant cet aspect de la philosophie chimique est tardif. En particulier, l'attribut vraiment chimique n'apparaît pas dans l'expérience immédiate. Il faut donc commencer par le dégager. D'où une science qui paraît d'abord creuser son objet en profondeur, dans la direction d'une compréhension de plus en plus nette, de plus en plus riche, dans le sens même où s'affirme tout réalisme. C'est seulement quand cette première tâche est achevée que le problème de l'extension de la connaissance se présente. Dans ces conditions notre conclusion philosophique doit être la suivante : Il est bien vrai que le chimiste procède d'abord en étant guidé par une métaphysique réaliste. Mais en cherchant des qualités, il finit par trouver des lois. Dès lors, sa recherche change de sens. Il tend à *généraliser la qualité*. Aussi, au risque d'amener une confusion, il nous faudra mettre sous les yeux du lecteur ces deux points de vue : le point de vue de la recherche en compréhension et celui de la recherche en extension. Nous indiquerons alors plus commodément comment le réalisme primitif de la chimie expérimentale a ouvert finalement les voies au rationalisme de la chimie mathématique.

LIVRE I

CHAPITRE PREMIER

ANALOGIE IMMÉDIATE ET ANALOGIE CHIMIQUE

Il est indéniable que le premier facteur de la réduction du divers est l'analogie. C'est, dit M. Urbain, (1) « le principal guide de la recherche. Si deux objets se ressemblent par quelques points, c'est sur eux que l'attention se fixe ». Voilà donc l'esprit retenu et occupé par la comparaison de deux objets ; aussitôt la diversité perd son hostilité, car le premier acte d'attention détermine une abstraction si violente que nous retranchons d'un seul coup tout ce qui diffère dans les objets comparés. La connaissance primitive est une identification parfaite.

Quand il s'agit ensuite non plus de reconnaître les objets, mais vraiment de les connaître, le problème épistémologique change de nature. Il faut alors détruire les analogies premières. Certes les philosophes parlent bien des analogies superficielles et des analogies profondes, mais sans jamais donner un critérium de la profondeur d'une analogie. La chimie, sous ce point de vue, mérite un examen particulier.

(1) G. Urbain, *Disciplines d'une science*, Doin, p. 39.

En effet, c'est précisément ce rapport d'analogie profonde à analogie superficielle que nous voyons s'établir entre l'analogie chimique et l'analogie physique. Autrement dit, une analogie chimique n'est, par fonction, jamais une analogie superficielle. Elle se présente toujours, même sous des formes en apparence naïves, comme une *analogie rectifiée.*

Il ne serait pas difficile de montrer que les caractères marquants de l'objet *physique* ont été en réalité, à l'origine de la science chimique, les premiers obstacles à la définition de l'individu chimique. Qu'on pense seulement au caractère de solidité ou de fluidité si contingent du point de vue chimique, si essentiel du point de vue physique.

Cet échec est très visible quand on examine le point de départ des observations chimiques dans les ouvrages du XVIIIe siècle. Y a-t-il programmes plus vastes et à la fois plus directement en contact avec la nature que ceux proposés par les Lémery, les Rouelle, les Baumé ! Ainsi Baumé proclame qu'il a fait avec Macquer seize cours de chimie qui ont comporté chacun plus de 2.000 expériences, ce qui, joint à plus de 10.000 expériences personnelles à Baumé, dépasse donc le nombre de 42.000 expériences. Sans doute, un chimiste moderne arrive, dans certains dosages, en suivant l'évolution de certaines réactions, à accumuler des travaux également innombrables ; mais il s'agit toujours d'expériences similaires qui peuvent être groupées en espèces somme toute très peu nombreuses. Avec Baumé, on a affaire à des expériences diverses et même hétéroclites.

D'ailleurs Baumé répète que la Nature offre un champ d'étude inépuisable. Mais ce poncif n'a pas le même sens au XVIIIe siècle et au XXe. En fait, les études modernes ont un contact petit avec le fait naturel et immédiat. Parties de ce champ étroit, elles se développent en profondeur. *Toutes les questions y sont indirectes.* Au XVIIIe siècle, la Nature est au contraire prise en surface « Que le Chimiste, dit Baumé (1), jette un coup d'œil sur les moindres productions que la nature répand devant lui, et il sera humilié de voir cette suite d'expériences qui s'offrent à ses recherches.

« Il faut : 1° examiner séparément et dans un ordre donné, les corps de la nature, pour bien reconnaître leurs propriétés, et constater en quoi ceux de même espèce diffèrent les uns des autres.

« 2° Combiner ces différents corps deux à deux, dans différentes proportions, et reconnaître pareillement les propriétés de ces combinaisons.

« 3° Quels seraient les composés qui résulteraient des corps de la nature combinés trois à trois, et quelles seraient les propriétés de ces nouvelles combinaisons, ainsi que celles qu'on pourrait former en variant leurs proportions.

« 4° Quelle carrière immense se présente si l'on suit cet ordre de combinaisons, si l'on augmente le nombre des corps dans une progression numérique, et si l'on varie leur dose ; quel sera, dans cette confusion, le plan le meilleur et en même temps le plus lumineux, pour contenir et faire reconnaître toutes les combinaisons qu'on peut former avec les différents corps que la Nature nous offre ? »

Voilà donc le chimiste devant une diversité qui, à

(1) BAUMÉ, *Chymie expérimentale et raisonnée*, t. I, p. VII.

première vue, semble devoir plutôt se multiplier que se réduire. Voyons maintenant comment l'analogie va jouer sur ce domaine *immédiat* et constatons qu'elle n'arrive pas à s'organiser, à devenir réellement une analogie *chimique*.

Précisément Baumé prétend que la Nature *offre d'elle-même* le plan de réduction. Pour lui, en effet, l'harmonie naturelle est indiquée à grands traits dans les échanges chimiques de la végétation. « La végétation est le premier instrument que le Créateur emploie pour mettre la Nature en action (1). La fonction des végétaux « est de combiner immédiatement les quatre éléments, et de servir de pâture aux animaux. » Puis viendra l'action des animaux eux-mêmes qui « convertissent en terre calcaire la terre vitrifiable élémentaire que la végétation a déjà altérée ». La Nature a alors à sa disposition les combustibles et la matière calcaire ; elle en fait usage « de mille et mille manières ».

Comme on le voit, ce serait les *règnes* de la Nature qui fourniraient les cadres des études chimiques. Idée fausse entre toutes et si pauvre en applications immédiates que son promoteur lui-même, après l'avoir développée complaisamment dans la longue préface de son livre, ne tarde pas à l'abandonner dès qu'il en vient aux travaux de laboratoire.

Même à l'égard d'une étude plus profonde et plus précise, l'analogie de premier examen a besoin d'être rectifiée. Tel est le cas des tout premiers essais de classi-

(1) Baumé, *loc. cit.*, t. I, p. x. Voir p. xvii, xix où la même idée est reprise.

fication fondés sur les phénomènes de combustion. Ces actions violentes se désignent d'elles-mêmes aux yeux de l'observateur. Rien ne prouve cependant qu'elles doivent nécessairement compter comme facteur déterminant d'une analogie d'ensemble. En fait, Baumé pensera un instant à classer les corps d'après leur pouvoir de combustion — pouvoir bien difficile à apprécier au cours du XVIIIe siècle — Mais loin de préciser ce principe, Baumé tentera de le rapprocher du motif d'analogie puisé encore une fois dans l'intuition des règnes naturels. Il croira pouvoir prendre la combustion comme un caractère chimique propre à distinguer d'une part les minéraux (incombustibles) et d'autre part les corps d'origine végétale et animale (combustibles). C'est donc toujours la même tendance d'expliquer le phénomène chimique par un phénomène en quelque manière plus immédiat, plus général, plus naturel. Cette tendance, on le voit, va à l'encontre des voies où la chimie moderne trouvera le progrès. L'expérimentation chimique sera féconde quand elle recherchera la *différenciation* des substances plutôt qu'une vaine généralisation des aspects immédiats.

Naturellement bien d'autres propriétés physiques immédiates ont été utilisées pour classer les substances chimiques. Examinons seulement, à titre d'exemple, une méthode qui a eu un succès durable. Macquer retient pour les substances qu'on appelait métalliques la classification suivante (1). Parmi ces substances « on nomme métaux, celles qui, outre l'aspect et le brillant métallique, ont encore la malléabilité, c'est-à-dire la propriété de s'étendre sous le marteau, et de prendre par ce moyen

(1) MACQUER, *Eléments de Chymie*, 1751, t. III, p. 60.

différentes formes sans se casser. Celles qui n'ont que l'aspect et le brillant métallique sans malléabilité, sont appelées demi-Métaux ». Ainsi c'est encore un caractère physique immédiat, la malléabilité, qui va décider du classement initial des substances. Ce caractère suffira pour retrancher le mercure de la classe des métaux. « Ce qui empêche que le Vif-argent ou Mercure ne soit réputé métal (1), c'est qu'il lui manque une des propriétés essentielles aux métaux, je veux dire la malléabilité. Lorsqu'il est pur et exempt de tout mélange, il est toujours fluide, et par conséquent non malléable. » Or pour nous, la malléabilité et la fluidité seraient plutôt deux concepts qui s'apparentent, bien loin de s'opposer. C'est que nous cherchons une construction des concepts expérimentaux et que nous arrivons à penser la malléabilité et la fluidité comme des phénomènes qui montrent deux états différents d'une même propriété. Nous étendons les principes plus loin que l'observation immédiate.

Si des aspects physiques généraux apportent d'abord des moyens de classification fallacieux, il en est naturellement de même des singularités qui nous frappent à première vue.

C'est ainsi que l'aspect si particulier des fossiles a entraîné les chimistes du XVIIIe siècle à des recherches nombreuses où leur science n'avait rien à faire. De même encore les cristallisations arborescentes, les corps vitrifiés, les pierres précieuses ont appelé des rapprochements qui n'avaient aucune valeur chimique.

Finalement, à suivre la science dans les efforts qui la constituent, on s'aperçoit qu'elle ne progresse que par une

(1) MACQUER, *loc. cit.*, t. III, p. 104.

critique très serrée, très méfiante des sensations immédiates. En chimie, c'est toujours la deuxième idée qui est la bonne. Il faut dépouiller les qualités immédiates et atteindre une qualité cachée. Il faut passer de la qualité en quelque manière absolue à une qualité relative en ce sens qu'elle se présente toujours dans la relation des corps entre eux, relation d'ailleurs le plus souvent tout expérimentale et, en quelque manière, factice. Il y a là tout un sensualisme polémique qui est bien différent du sensualisme qui, dans sa définition classique, s'appuie sur la sensation toujours immédiatement acceptée. En somme, le chimiste moderne saisit la substance au *terme de l'expérience*. Comme le dit très bien Étard (1) l'élément chimique est une manière de *substance-limite*. Et Etard donne cet ingénieux exemple : une substance verte (la malachite), une rouge (la cuprite), une noire (la phillipsite) donnaient une seule et même substance, le cuivre. Ce qui devait frapper, *à la réflexion*, c'est que le bouleversement qualitatif, très sensible dans les premières manipulations, s'amortissait progressivement. On arrivait, à travers de grands et multiples changements, à une matière qui paraissait bien plus réfractaire au changement. Ainsi, avant même que les caractères pondéraux systématiquement dégagés pussent servir à Lavoisier à constituer la notion d'éléments, on pouvait suivre une réduction du divers par des voies toutes qualitatives et désigner correctement une substance élémentaire. Mais on voit que cette réduction ne peut être à la fois féconde et complète que si elle écarte la séduction des analogies immédiates et naturelles.

(1) Etard, *Les nouvelles théories de la chimie*, p. 13.

Le caractère essentiellement indirect de l'analogie chimique apparaîtra peut-être plus nettement si nous rapprochons de l'épistémologie *d'observation* du XVIIIe siècle la conception des analogies dans la chimie contemporaine. Il ne nous sera pas difficile de montrer que l'analogie proprement chimique est toujours une analogie seconde et qu'elle rompt, *par fonction*, la première contexture des relations fournies par les observations physiques.

Prenons comme exemple, avec M. Urbain (1), le thallium et essayons de rapprocher ce métal d'un autre corps. Sur ce simple exemple, nous allons voir se constituer non pas *deux* plans d'analogies, mais bien *trois* et nous serons amenés à tendre au-dessous du phénomène chimique deux ordres d'entités très différents qui correspondent l'un à la notion de *corps simple*, l'autre à la notion d'*élément*. Parmi ces plans d'analogies, ce sera naturellement le troisième, celui qui est le plus éloigné de l'observation immédiate, qui sera le bon.

Le thallium se présente à première vue comme un métal entièrement semblable au plomb. Il a le même éclat. Tous deux sont malléables et mous. Leurs densités sont très voisines ; de même leurs points de fusion et de vaporisation. Plomb et thallium seraient donc deux matières bien semblables pour une science qui ferait reposer sur les liens physiques de la cohésion tout le poids de la classification.

Normalement le chimiste est donc amené à partir de cette analogie physique ; il va essayer de l'approfondir. La première tâche à laquelle il se livrera consis-

(1) G. URBAIN, *loc. cit.*, p. 75 et suiv.

tera à attaquer plomb et thallium par les mêmes « réactifs », critères immédiats de la chimie. Il verra l'analogie se poursuivre dans ces expériences : les deux métaux seront attaqués par les mêmes acides dans des conditions similaires, ils seront inactifs à l'égard des mêmes substances. On pourrait donc conclure qu'en tant qu'éléments simples, le plomb et le thallium sont aussi semblables que deux corps différents peuvent l'être.

Mais ces dernières relations, livrées par la chimie immédiate, sont encore superficielles. La chimie théorique pénètre à une tout autre profondeur. Elle reprend le problème dans un sens tout nouveau qui prétend retracer la construction géométrique des composés. Pour la stéréochimie, les réactions de laboratoire ne sont encore que des relations phénoménales, le problème de la composition doit dégager un principe plus caché et plus rationnel. Elle postule donc au-delà de la notion de corps simple une notion nouvelle qui a reçu malheureusement un nom très ancien, c'est l'élément. Cet « élément » est moins un élément trouvé dans une analyse qu'un élément essayé dans une synthèse.

On devra donc saisir le rôle de l'élément dans ses diverses combinaisons. C'est alors qu'on s'apercevra que le plomb et le thallium n'ont aucun caractère *élémentaire* commun et que l'élément thallium se rapproche bien davantage de l'élément potassium : les sels de thallium et de potassium sont isomorphes, ils peuvent donner des cristaux mixtes où l'un des corps se substitue à l'autre sans troubler la construction cristalline. Dans l'homogénéité physique de ce cristal chimiquement hétérogène, les deux éléments prouvent leur parenté, leur puissance parallèle de construction.

Les ressemblances du plomb et du thallium passent au rang de simples contingences ; elles ne retiennent plus l'attention du chimiste.

Toute la chimie moderne repose ainsi sur la notion de composition. Le plan de combinaison est d'ailleurs systématiquement élargi. Il ne s'agit plus d'étudier un corps par ses réactions sur quelques autres corps choisis sous le nom de réactifs pour la rapidité de leurs indications. Il faut coordonner un nombre de plus en plus grand de réactions, multiplier les composés, étudier toutes les possibilités de groupement. On peut dire que les corps présents dans le phénomène chimique nous intéressent avant tout comme les pièces d'une construction.

Chose digne de remarque, on en viendra à examiner la *composition de l'élément avec lui-même* pour rendre raison de la constitution physique du corps simple. On peut dire ainsi que les propriétés physiques d'un corps simple ne sont pas relatives aux propriétés chimiques du corps simple lui-même pris dans son état massif et achevé, mais que ces propriétés physiques sont plutôt en relation avec un état plus fondamental, vraiment premier. Il apparaît donc bien, derrière le phénomène chimique de premier examen, un plan nouveau de l'être, véritable noumène chimique, que nous ne touchons jamais par l'expérience, mais qui nous est indispensable pour comprendre l'expérience. Tout le problème de la pensée chimique apparaît sur cet exemple propice. Cette pensée se présente bien comme une réflexion sur les conditions de la *combinaison* des substances. Elle a même besoin d'appliquer cette notion de combinaison jusqu'au sein de l'homogène. En tout cas elle ne s'absorbe pas dans la *description* des propriétés des substances, non plus que dans leur comparaison phénoménologique. C'est donc dans un plan profond que l'analogie chimique doit trouver sa racine. Tout le premier travail de rassemblement analogique doit être remanié en fonction des idées de constitution.

CHAPITRE II

PURETÉ ET COMPOSITION

En chimie, l'objet n'est donc pas immédiat et en tant que substance il ne se présente pas à l'examen du savant dans des voies toujours aussi uniformes qu'on pourrait le croire. Il est même légitime de se demander si la substance chimique apparaît jamais bien nettement, bien circonscrite quant à ses attributs et modes. Nous devons donc examiner tout ce qui concourt à entourer la substance chimique d'une marge d'imprécision, d'une impureté essentielle. On sent bien que tout ce qui contribue à nous livrer les substances dans un état mêlé et confus augmente jusqu'à l'infini la richesse de la diversité. On ne pourra donc dominer le caractère individuel des corps matériels saisis dans l'expérience commune que si l'on arrive à les classer en essences séparées, bien assurées de garder solidement, en dépit des approximations de l'expérience, les propriétés qui les distinguent.

Or, à suivre l'histoire de la Science, on se rend compte que ce problème de la *pureté des substances* a eu à triompher d'idées qui peuvent maintenant nous sembler étranges, mais qui avaient pour soutien une expérience d'autant plus solide qu'elle était plus imprécise et plus générale. Nous nous limiterons d'ailleurs à caractériser quelques-unes de ces idées systématiques, sans nous astreindre à multiplier les exemples qui figurent dans toutes les histoires de la chimie.

Signalons d'abord plusieurs intuitions susceptibles de détendre le lien qui réunit la substance à ses attributs.

On a toujours été frappé de la *délicatesse* de certaines manipulations qui permettaient de modifier, avec l'aide de quantités infimes d'une matière bien choisie, les qualités d'une substance particulière. Ainsi Liebig signale qu'on communiquait au cuivre la couleur de l'or en le traitant par la calamine, la couleur de l'argent par adjonction d'arsenic. La philosophie n'avait pas encore établi la distinction des qualités premières et secondes. On avait donc là une preuve très claire qu'une propriété fondamentale pouvait être, au gré de l'expérimentateur, perdue ou attribuée. Cette intuition est plus puissante qu'on ne croit, car elle joue encore actuellement un rôle positif dans nos explications rapides. C'est ce qu'indique Liebig (1). « Aujourd'hui encore l'expérience nous conduit à admettre un principe colorant particulier dans toutes les matières qui ont de la couleur. La couleur rouge du rubis, la couleur verte de l'émeraude, la couleur bleue du saphir sont dues à des causes semblables à celles qui déterminent la coloration des étoffes. » Cette observation de Liebig faite il y a plus de 80 ans reste valable, du moins au point de vue pédagogique. Par une sorte d'approximation substantielle, nous nous rendons compte que des traces d'oxyde peuvent colorer l'alumine et donner le rubis, le saphir, la topaze... Cependant, que les impuretés soient utiles ou non, nous

(1) LIEBIG, *Nouvelles lettres sur la chimie*, trad. Gerbardt, 1852, p 275.

savons les penser en tant qu'impuretés : *d'une propriété nous avons fait un accident*. En cela nous avons diminué la portée de la diversité phénoménale des matières étudiées par la chimie.

Ostwald met en valeur une autre raison factice de la diversité attribuée jadis aux substances chimiques. Dans la chimie prélavoisienne (1) on admettait « que, d'après le mode de préparation, des substances élémentaires elles-mêmes, comme le fer, l'or et l'étain, pouvaient présenter des différences de qualité comme le pain, le vin et autres produits de fabrication arbitraire ». On pouvait donc espérer, par des manipulations plus fines, changer radicalement les propriétés d'un corps. Toute la philosophie chimique reposait sur la mobilité des qualités qu'on pouvait ainsi transporter d'un corps à un autre. Le rapport de la substance à son attribut n'avait donc pas, dans la pensée des anciens chimistes, la solidité que nous lui attribuons, sans discussion philosophique, comme un *a priori* de la pensée expérimentale.

En examinant l'intuition alchimique, on saisirait aussi la substance chimique dans un rôle temporané qui pourrait soulever bien des discussions. On croyait, en effet, en la maturation des produits chimiques, guidé en cela par les fermentations et les maturations végétales. La substance perd là une raison de permanence. Elle acquiert, du même coup, une diversité essentielle puisque son état dépend de son degré d'évolution. On s'expliquait d'ailleurs que l'origine d'une substance parût laisser des traces inaltérables, de même la voie d'extraction. Le carbonate de potassium, par exemple, donnait,

(1) Ostwald, *L'évolution d'une science : La Chimie*, trad., p. 17.

croyait-on, trois espèces très nettement distinguées selon qu'on le tirait des cendres, du tartre ou du salpêtre. A l'origine de toute substance chimique il y avait donc comme un germe qui individualisait cette substance et qui déterminait son évolution. Une telle richesse de singularisation interdisait de poser le problème de la réduction du divers.

Il y avait d'ailleurs des raisons vraiment positives qui devaient entraver la formation de l'idée moderne de substances chimiques à caractères fixes et séparés. Les méthodes de recherche et d'isolement sont en effet étroitement solidaires des corps chimiques eux-mêmes. Ces méthodes apparaissent alors comme matérialisées. Elles font, de la philosophie chimique, un long commentaire d'une coopération substantielle singulièrement profonde. Non seulement les substances n'ont de caractères chimiques qu'à l'égard les unes des autres, mais encore on ne peut les tirer de l'état complexe et mêlé où elles se présentent dans la nature que par leurs actions réciproques. On pourrait donc dire que, par delà leur phénomène, dans leur existence même, les substances chimiques sont entièrement relatives les unes aux autres et non plus seulement par leurs qualités comme nous l'indiquions d'un mot dans le chapitre précédent.

Ce rapport expérimental qui relie les éléments du pluralisme chimique n'est pas une simple considération philosophique. En fait, ce fut là une objection préalable souvent répétée au XVIIe et au XVIIIe siècles. On en arrivait alors à douter que l'isolement des constituants d'un corps composé fût autre chose qu'un artifice de pensée et qu'expérimentalement parlant, il fût légitime de proposer une séparation des éléments. En effet, pour tirer un corps engagé dans une combinaison, il fallait lui offrir un autre corps auquel il devait à nouveau se combiner. Un élément ne pourrait donc jamais quitter une combinaison que pour entrer dans une autre combinaison. Ainsi Beccher (1625-1682) professait que « les principes ne peuvent presque jamais être séparés les uns des autres ; ni, par conséquent montrer les corps primitifs dans leur simplicité et leur homogénéité mais que nous ne pouvons les séparer qu'en les transportant d'un mixte dans un autre ». Au XVIIIe siècle, Henckel (1679-1744) objectait encore : « L'on ne parvient jamais à décomposer un mixte sans produire de nouvelle mixtion ; ce serait en vain qu'on tenterait d'avoir chacun de ces principes séparément et dans leur état de simplicité (1). » Au XVIIIe siècle on objectera encore que la chimie, en utilisant le feu, apporte le principe même du changement dans l'étude des substances : *Ignis mutat res.* On n'a pas de critère pour séparer les actions physiques et les actions chimiques. On retire bien un alcali des cendres des végétaux, mais n'a-t-on pas créé cet alcali par la combustion ? On objectera donc contre les objets de la chimie qu'ils sont de simples « créatures du feu » (2).

Dans l'analyse des mixtes on pensait d'ailleurs que les difficultés s'accentuaient au fur et à mesure qu'on s'approchait des éléments. En 1751, Macquer mettra au rang des axiomes évidents de la Chimie cette difficulté

(1) Cités par Mme METZGER, *La philosophie de la matière chez Stahl et ses disciples*, apud Isis, n° 27, février 1925.

(2) Voir *Encyclopédie Art. Chymie*. Cf. Mme METZGER, *Les Doctrines chimiques*, p. 212.

progressive de l'analyse (1). « Plus les substances sont simples, plus leurs affinités sont sensibles et considérables : d'où il suit que moins les corps sont composés, plus il est difficile d'en faire l'analyse. » C'est là une vue qui a la logique pour elle. Puisqu'on est condamné à se servir des affinités pour obtenir les éléments, il semble à juste raison qu'on ne triomphera jamais des affinités fondamentales. Autrement dit, l'isolement des substances ne pourra jamais être complet puisque l'acte chimique de la substance est essentiellement un acte de combinaison.

En se référant à ces opinions, on voit donc combien la tâche de réduction du divers devait sembler artificielle dès que cette réduction prétendait passer du domaine logique au domaine expérimental. A bien y réfléchir, on n'avait, en suivant la marche d'une réaction chimique, aucun moyen pour reconnaître si l'on avait affaire à une analyse ou à une synthèse. Ces idées qui sont logiquement si claires étaient pour une science naissante d'une application difficile. Comment par exemple évincer le rôle de l'air ? Comment comprendre une synthèse qui résulte de la combustion d'une seule substance ? Au surplus, la conception des impondérables, qui ruinait toute référence aux pesées, venait troubler la distinction du simple et du mixte. On comprend alors la persistance de l'erreur sur la simplicité attribuée aux terres qui, quoique plus lourdes que les métaux correspondants, semblaient jouer à leur égard le rôle d'éléments. Comme on l'a souvent répété, le plus grand progrès de la chimie sera bien, en niant l'existence des

(1) Macquer, *loc. cit.*, t. III, p. 18 voir aussi p. 195.

impondérables, de soumettre entièrement l'expérience au critère de la pesée. Mais le caractère épistémologique de ce progrès consiste peut-être surtout dans le sens nettement expérimental donné aux idées d'abord purement logiques d'analyse et de synthèse. *On arrivera alors à distinguer entre analyse et synthèse par le seul fait que dans la synthèse il y a augmentation de poids, tandis que dans l'analyse il y a diminution de poids.* C'est dans ce principe que la notion d'élément trouve sa base expérimentale. Il ne suffit plus de dire qu'un élément est une substance qu'on n'a jamais pu décomposer, car l'idée de décomposition complète n'est pas une idée expérimentalement claire. Il faudra dire qu'une substance élémentaire constitue un élément si le poids de cette substance augmente dans *toutes* les réactions chimiques où elle coopère (1). Ainsi la substance élémentaire est saisie comme élément d'une synthèse plutôt que comme élément d'une analyse. Il s'agit donc bien d'une *définition synthétique de la substance.* De l'analyse à la synthèse il n'y a pas équivalence expérimentale et A. Comte a eu raison de signaler la difficulté d'inverser expérimentalement ces deux méthodes si différentes philosophiquement (2).

Mais en posant le problème après même la révolution lavoisienne, après les séparations effectives de certains éléments, des objections restent possibles contre le principe de la détermination exacte des corps. En effet,

(1) Cf. Ostwald, *loc. cit.*, p. 23.

(2) A. Comte, *Cours de philosophie positive*, t. III, p. 11. Ed. Schleicher.

une substance chimique particulière ne peut être correctement désignée que relativement à un ensemble de réactifs. On va donc avoir au moins deux corps en présence. Aussitôt le problème de la pureté des substances va se compliquer : la pureté de l'un des corps n'a pas nécessairement la même sensibilité que la pureté d'un autre corps dans une réaction commune. On n'aura donc pas une garantie conjuguée, assurée des deux côtés à la fois. Du seul fait de l'impureté des réactifs, on est donc condamné à n'avoir d'abord que des moyens plus ou moins confus pour désigner les substances chimiques.

En fait ce problème de la pureté des substances a déterminé une crise extrêmement importante dans l'évolution de la science chimique. On fut amené à se demander si le concept de substance définie avait un sens précis. Ce débat, bien que se développant à l'écart du problème métaphysique, est susceptible d'éclairer d'un jour très particulier notre idée de substance. Nous prendrons pour l'exposer le moment même où il est culminant. C'est lorsque Proust affirme avec la plus grande netteté que les compositions se font dans des proportions strictement définies. Ce pouvoir de combinaisons précises et définies suppose, comme il va de soi, une absolue identité pour chaque substance composante. Il n'y a qu'un fer, il n'y a qu'un soufre dès l'instant où il n'y a qu'un sulfure de fer. La composition précise est la preuve d'une pureté absolue des éléments. Nous pouvons nous tromper et manquer de soin dans une analyse ; les diverses substances simples ne peuvent se tromper dans leur combinaison ; elles réagissent avec une exactitude absolue. Telles sont les conséquences immédiates du principe postulé par Proust.

Ce principe que nous admettons sans difficulté fut combattu pendant de nombreuses années par des chimistes réputés. Berthollet, entre autres, admettait fort bien des *fluctuations* à l'origine même des combinaisons chimiques. Il acceptait des proportions à peu près définies. Dès lors un champ de diversité était possible pour les substances du fait même de leur combinaison flottante. Tout un à-peu-près de la substance était légitimé par cette hérésie chimique. Hérésie puissante puisqu'elle s'appuyait d'abord sur les données de laboratoire qui nous présentent des analyses souvent imprécises.

Au fond l'idée de composition chimique n'avait pas alors la netteté que nous lui attribuons aujourd'hui, elle était confondue avec l'idée de composition physique ; on était en quelque sorte embarrassé par une chimie-physique prématurée. Curieuse évolution scientifique d'ailleurs, qui fait sortir la chimie d'une chimie-physique pour la replonger un siècle plus tard dans une chimie-physique. Cette implication des doctrines est à la base des objections que Berthollet présente dans une *Introduction* à la traduction française du *Système des connaissances chimiques* de Thompson (1809) (1). « Il convient de considérer d'abord si c'est une propriété générale, que les combinaisons ne varient que par un rapport multiple des éléments qui les composent, si on peut la considérer comme une loi à laquelle soient soumises toutes les combinaisons. J'observerai premièrement qu'on ne peut pas supposer, pour soutenir cette hypothèse, une différence réelle entre la dissolution et la

(1) Cité par JAGNAUX, *Histoire de la chimie*, t. I. p. 225.

combinaison ; l'une et l'autre sont un effet de la même action chimique, un résultat de l'affinité dans lequel on ne peut admettre d'autre différence que celle du degré de l'énergie. Or, la vitrification présente des variations infinies de composés où l'on ne peut admettre cette loi. La plupart des alliages métalliques peuvent se faire en toutes proportions ; la combinaison mutuelle des liquides, lorsqu'il n'en résulte pas la production d'un solide, est dans le même cas ; les liquides dissolvent aussi progressivement les solides. La grande variété des combinaisons terreuses et métalliques qui forment les minéraux ne pourrait s'expliquer par des compositions soumises à cette formule, non plus que celle des substances végétales et animales, quoiqu'on y observe souvent une régularité dans les proportions. Enfin les phénomènes naturels qui sont une suite de l'état de combinaison dont ils dépendent, ne marchent point ordinairement par sauts ; ainsi le dégagement et l'absorption du calorique suivent une progression continue pendant qu'il n'y a pas de changement d'état dans les corps. Les décompositions par le feu, les distillations ne montrent pas cette irrégularité qu'on devrait trouver dans les produits, si les combinaisons étaient assujetties à des proportions distantes entre elles. » On ne peut méconnaître la portée philosophique de telles objections. Dès qu'on prétend se placer en face *de toute l'expérience*, on peut croire que les phénomènes apparaissent tous sur le même plan. Ils réclament alors *tous* une explication au même titre et il peut paraître abusif de sérier la phénoménologie. On en vient alors à adapter la même philosophie de l'expérience aux phénomènes de la vitrification, de la dissolution, de la distillation. Il faudra cependant en venir à séparer la phénoménologie en niveaux distincts et on ne comprendra bien le phénomène de premier aspect qu'en fonction d'un phénomène en quelque manière plus profond. On arrivera alors à expliquer la nature naturelle par une véritable nature artificielle. On pénétrera en quelque sorte dans les secrets de la nature naturante pour trouver les véritables lignes de la nature naturée. A suivre dans son histoire l'effort de la chimie vers le corps simple, défini, pur, on se rend compte qu'on a presque le droit de dire que l'expérience chimique moderne crée les substances, que du moins, en les épurant, elle leur rend leurs véritables attributs. Ce caractère artificiel et constructeur ne pouvait apparaître que tardivement. Berthollet, positiviste avant la lettre, parlait donc le langage de la prudence. La prudence fut mauvaise conseillère.

Mais le sens théorique de l'intuition de Berthollet était encore plus profond. Pour lui, l'affinité chimique était une force comme les autres. Cette affinité était donc susceptible de se composer avec d'autres forces telles que l'élasticité et la cohésion. Le problème de la composition chimique se révèle donc plus complexe que jamais. C'est en somme par accident qu'on rencontre des proportions fixes. « Deux corps, dit Wurtz (1) en rappelant les hypothèses de Berthollet, peuvent s'unir en proportions variables, mais parmi ces combinaisons, l'une se distingue par la prédominance de la cohésion ou de l'élasticité : les éléments de cette dernière sont alors combinés en proportions définies, par la raison

(1) Wurtz, *Histoire des doctrines chimiques*, p. 47.

qu'elle cristallise, qu'elle est insoluble ou volatile. Berthollet admet donc les proportions définies, non comme une loi générale, mais comme un fait accidentel se produisant sous l'empire de forces étrangères à l'affinité. Lorsque ces dernières forces, la cohésion, l'élasticité, se balancent, soit dans les corps composants, soit dans les produits de leur combinaison, l'affinité dégagée de ces entraves, peut s'exercer librement et n'est plus soumise qu'à l'influence des masses. Les combinaisons et en général les actions chimiques peuvent alors s'effectuer en proportions quelconques. » On peut dire, dans le langage métaphysique, que l'acte substantiel est pour Berthollet proprement inépuisable. Si deux substances ont une affinité l'une pour une autre, elles pourront se fixer l'une à l'autre en quantité indéterminée. Il n'y a que des accidents, comme le fait pour un composé d'être insoluble, qui puissent arrêter ce mélange indéfini des susbstances. Si l'on pouvait examiner la combinaison chimique en la dégageant des phénomènes physiques connexes, on verrait, d'après l'intuition de Berthollet, que le pouvoir de combinaison varie d'une manière continue pour atteindre une limite de saturation mutuelle. Il y aurait donc pour les composés une sorte de continuité substantielle. Autant dire que nous ne connaîtrions que des qualités moyennes. Les cas où le principe des proportions définies paraît jouer nettement, comme dans l'union du gaz oxygène et du gaz hydrogène pour donner de l'eau, sont des cas où l'action *physique* est particulièrement intense. Dans cet exemple, la condensation est si grande qu'elle rassemble immédiatement le résultat de la réaction des deux gaz et qu'elle empêche la force d'affinité de se développer librement (1). L'uniformité de certaines substances apparaît donc comme une singularité. Cette uniformité est imposée du dehors. La substance chimique est unique par accident. Ainsi, en remontant au principe même de l'intuition de Berthollet, on devrait prendre la diversité comme essentielle. L'affinité serait *radicalement indéfinie*. C'est vraiment un *désir* comme le dira encore avec une insistance singulière Berzélius (2). « Tous les effets naissent de causes ou sont produits par des forces ; ces dernières (semblables aux désirs) tendent à se mettre en activité et à se satisfaire, pour arriver à un état de repos. » L'affinité chimique, réfractaire à toute quantification, serait donc essentiellement qualitative.

Il convient d'ailleurs d'ajouter que la détermination dans l'ordre de la qualité étant moins exigeante que la précision quantitative, cette mobilité de l'affinité chimique entre un état minimum et un état maximum ne troublerait pas, expérimentalement parlant, l'aspect moyen et positif des substances. Il y a là un paradoxe de la précision que Comte, obsédé par sa répulsion de toute précision gratuite, a signalé dans la leçon qu'il consacre à la polémique de Proust et de Berthollet (3). « Si... l'existence d'un nombre indéterminé de combinaisons distinctes entre des éléments identiques paraissait devoir interdire l'établissement d'aucune loi constante sur les compositions et les décompositions, il faut reconnaître, par une considération plus approfondie, que, dans une semblable hypothèse, ces divers

(1) Cf. Berzelius, *Traité de chimie*, trad. 1831, t. III, p. 527.

(2) Berzelius, *loc. cit.*, t. V, p. 3.

(3) A. Comte, *loc. cit.*, t. III, p. 81

composés successifs auraient nécessairement des propriétés très peu différentes, en sorte qu'il n'importerait guère de pouvoir les distinguer avec une scrupuleuse précision. Les termes d'une telle série (de combinaisons) qui seraient vraiment caractérisés par des propriétés très tranchées se trouveraient, par cela même, comme l'établit la théorie de Berthollet, assujettis, en général, à des proportions définies... Ainsi, la précision chimique resterait encore également possible, là où elle acquiert une véritable importance, et ne cesserait d'être permise qu'à l'égard des cas où elle n'aurait aucune valeur essentielle. »

On voit donc que le rapport de substance à attribut a longtemps manqué de clarté en chimie. Les chimistes du début du XIXe siècle se rendaient très mal compte que les propriétés des substances sont rigoureusement déterminées. Ostwald, qui fait cette remarque, montre précisément la nécessité d'envisager une *pluralité de propriétés* pour désigner une substance particulière. En effet (1), « on peut bien obtenir la concordance entre deux substances pour une propriété, mais pour une seule : si, par exemple, on prend deux substances de densité voisine et qu'on chauffe la plus dense, on peut réaliser, avec l'approximation que l'on veut, l'égalisation des densités, mais, si les densités sont égales, les températures sont différentes ». On n'arrivera donc pas à reconnaître la substance à un seul de ses signes. Il faudra au contraire pour prendre une exacte mesure de la substance chimique envisager un nombre aussi grand que possible de qualités diverses.

(1) Ostwald, *loc. cit.*, p. 37.

Mais alors, dans cette voie, on s'aperçoit bien vite que la distinction entre les propriétés chimiques et les propriétés physiques est artificielle et qu'on peut être amené à des constatations très propres à étonner le chimiste en faisant varier les conditions physiques d'une réaction. Ainsi M. Urbain remarque que la potasse et l'acide sulfurique, qui réagissent si violemment à la température ordinaire, restent inactifs quand on les met en présence à la température de l'air liquide. Dès lors, ne peut-on pas craindre de prime abord que notre science chimique soit frappée d'une contingence essentielle ? Pour saisir plus profondément les *propriétés* de la substance elle-même, il faudrait sans doute pouvoir fonder un vaste système de correspondance qui nous permettrait d'inscrire au compte même de la substance ses réactions aux agents physiques extérieurs.

Il ne faudrait d'ailleurs pas s'imaginer que ces difficultés d'ordre philosophique aient été toutes définitivement résolues. La formation des corps un peu complexes peut se présenter dans des circonstances multiples. Ainsi, M. Delacre dans ses longues recherches sur la famille de la dypnopinacone a montré qu'un corps pur, cristallisé, tout à fait bien défini, peut donner, par simple fusion, un corps nouveau qui lui aussi est pur, cristallisé, parfaitement défini. M. Delacre a reconnu ensuite que ce deuxième corps, par une nouvelle fusion, redonne à son tour une certaine proportion du corps dont on était parti (1). « Il est évident d'après cela, dit-il, qu'il entre dans la constitution des corps un facteur dont on n'a jamais tenu compte. Si A en fondant

(1) Delacre, *Essai de Philosophie chimique*, 1923, p. 137.

se transforme partiellement en B, c'est qu'un germe de B se trouvait en A. Il est impossible que A puisse être représenté philosophiquement par une seule formule. La formation de B doit évidemment intervenir dans la représentation de cette constitution. » C'est donc tout le problème de l'individualité chimique qui est remis en discussion. Il est d'ailleurs frappant que l'expression de *germe*, si ancienne dans la philosophie chimique, vienne sous la plume d'un chimiste moderne dont l'esprit accepte entièrement la foi expérimentale. Au surplus, quand on voit un phénomène comme la simple fusion intervenir d'une manière aussi complexe dans l'évolution d'une substance définie par les critères généralement les plus sûrs, on est amené à rétablir une relativité essentielle entre les caractères *chimiques* et les caractères *physiques*. On ne peut plus suivre la séduction d'une pensée simpliste qui croit pouvoir *attribuer*, une fois pour toutes, une *propriété* à une *substance*, laissant aux circonstances la charge d'expliquer certaines modalités de cette propriété. Il convient au contraire de réintégrer au sein même de la substance, les circonstances dans lesquelles cette substance se manifeste. Par ce détour, la *loi* physique s'accroche en quelque sorte à la nature chimique. Les substances qui s'étaient d'abord désignées à l'attention du savant par les singularités de leur nature ne font plus que réagir singulièrement à des thèmes généraux. Une base d'étude comparative est maintenant établie. Désormais, un corps particulier est un exemple d'une loi générale. Nous aurons à revenir souvent sur *cette fonction d'exemple* — toute nouvelle dans la pensée empirique. Nous la verrons se dégager peu à peu dans la science moderne. Par elle la pensée arrive à confirmer ses cadres, ses hypothèses, ses schémas. On pourrait dire que l'exemple est le fait suffisant, le minimum de réalité nécessaire pour lester la pensée.

CHAPITRE III

LA CLASSIFICATION DES COMPOSÉS

Avant d'aborder la classification des substances élémentaires, il nous faut étudier la classification des corps composés. Il n'y a pas là une méconnaissance de l'ordre naturel des problèmes ; c'est bien ici le composé qui doit être envisagé avant le simple puisque les caractères chimiques d'une substance élémentaire sont des caractères *essentiellement indirects* et qu'ils n'interviennent, en ce qui concerne les classifications générales modernes, que comme affinité de combinaison. Dès lors, si l'on se place devant l'expérience elle-même, en écartant la séduction toute philosophique qui nous absorberait dans une étude exhaustive d'une matière simple particulière, on doit saisir, à propos de l'ordre de complexité des substances, une corrélation très caractéristique de la philosophie chimique : on tente bien de comprendre le composé par le simple, mais c'est immédiatement pour caractériser le simple par son rôle dans la synthèse des corps composés. La découverte elle-même est plutôt sous la dépendance de la synthèse que de l'analyse. Hoefer l'indique dans une remarque rapide (1) : « Les expériences les plus anciennes sur la composition des corps sont, non pas analytiques, mais synthétiques.

(1) Hoefer, *Histoire de la chimie*, t. II, p. 221.

L'esprit humain débute, comme la science, par la synthèse. » Et Hoefer indique quelques exemples précis, en particulier, comment Albert le Grand trouve par la synthèse la vraie nature du cinabre, comment Sala en unissant une partie de sel volatil des urines (ammoniaque) avec une proportion convenable d'esprit de sel obtient un produit qui ressemble en tout point au sel ammoniac ordinaire. On pourrait donner un grand développement à l'observation de Hoefer. Mais si l'on devait étudier en détail le problème de la corrélation du simple et du composé, des rapports véritables de l'analyse et de la synthèse, c'est toute une histoire de la chimie qu'il faudrait retracer. Nous nous bornerons à présenter l'instant décisif où la question de la synthèse chimique s'est posée sous son aspect moderne. Nous n'aurons pas de peine à reconnaître que les problèmes de synthèse particulière s'effacent devant un problème de synthèse vraiment générale, impliqué lui-même dans un problème de classification et de nomenclature. D'ailleurs sur ce simple problème de classification, Ampère remarque justement que (1816) (1) « les corps composés ont déjà été classés d'une manière bien plus conforme à leurs véritables analogies que ne l'ont été leurs éléments ». Ainsi l'ordre historique comme l'ordre organique nous obligent bien à traiter de la classification des composés avant la classification des corps simples.

Ce sont les intuitions et les travaux de Laurent et de Gerhardt qui ont vraiment ouvert les voies nouvelles.

(1) *Annales de Chimie et de Physique*, t. I., 1er art. Essai d'une classification des corps simples.

Et ce sont les synthèses de Berthelot qui ont donné sa pleine extension au problème de la constitution des composés.

Pour Auguste Laurent, une science chimique qui se bornerait à une simple description des phénomènes manquerait à son véritable rôle. Laurent veut sans doute que les faits confirment les idées, mais il faut aussitôt que les idées fassent prévoir des faits nouveaux. Le phénomène chimique est un phénomène *provoqué* et ce caractère de science artificielle est très profond puisque dans les recherches de la chimie moderne, c'est la substance elle-même qui doit être en quelque sorte suscitée. En particulier, une classification chimique doit nous conduire, non seulement à une mise en ordre des expériences faites, mais encore à la création de substances toutes nouvelles. En février 1845, Laurent écrit à Gerhardt (1) : « Votre classification est mauvaise ; poursuivez vos homologues et qu'ils vous servent alors à faire votre classification. Sans une idée dominante, il est impossible de faire quelque chose. Tirerez-vous jamais quelque chose de votre classification ? Non, rien, absolument rien puisqu'il n'y a pas d'idée. Une classification doit offrir une série de rapports. Et je suis persuadé que quel que soit le point de départ, on doit toujours arriver à des rapprochements intéressants. Mais encore faut-il que ce point de départ soit une idée. » Si l'on n'y prenait garde, on pourrait facilement confondre cette opinion avec la déclaration habituelle qui justifie une classification en histoire naturelle ; mais en

(1) La Correspondance de Charles Gerhardt, publiée par Marc Tiffeneau, 1918, p. 19.

lisant Laurent, on se convainc qu'il s'agit de tout autre chose et que l'idée qui sert de point de départ est une idée d'expérimentation et non pas simplement une idée qui permet de résumer une expérience faite ou de classer des observations.

D'une manière semblable, Laurent lutte contre toute conception de la chimie qui se confinerait dans un positivisme timoré et qui se bornerait à nous donner la *formule brute* d'un corps composé. Au fond, quand un chimiste nous dit que dans 100 grammes d'alcool ordinaire, il y a 52 gr. 2 de carbone, 13 grammes d'hydrogène, 34 gr. 8 d'oxygène, il nous a donné une définition chimique correcte de la substance composée. Il serait cependant prématuré de quitter le laboratoire et de résumer immédiatement, par le travail théorique, les résultats de l'analyse chimique. Nous n'avons pas là toute l'expérience et la comparaison des analyses centésimales ne nous donnerait pas la parenté des substances composées. Il faut donc retourner au laboratoire, il faut trouver un intermédiaire entre les résultats de l'analyse chimique et les propriétés des substances, autrement dit, il faut trouver la signification phénoménale en correspondance avec la composition. Ainsi, encore une fois, on voit que l'analyse d'une substance particulière ne suffit pas pour la connaître exactement. Nous ne la connaîtrons vraiment que lorsque nous pourrons lui attribuer une place précise dans le plan organique de l'expérience totale, quand nous aurons fixé sa genèse et ses qualités génétiques.

Laurent voit nettement cette nécessité et son but est en somme de lier les propriétés typiques à des formules typiques. Dans une de ses premières lettres à

Gerhardt (1844) il écrit (1) : « Les formules brutes sont aussi mauvaises... Voici ce que je cherche : des formules *synoptiques*, telles, qu'à leur aspect, on puisse dire : ce corps appartient à telle série, il est neutre ou acide, c'est un aldéhyde, etc. L'arrangement que je donne peut être faux ; mais c'est un arrangement relatif. » En 1845, il écrit encore (2) : « En tout cas, vous voyez qu'un système de formules brutes est trop absolu et que s'il était adopté, il empêcherait de découvrir une foule de rapports intéressants. Je suis d'accord avec vous, nous ne savons pas comment les atomes sont disposés, mais nous savons déjà (corps chlorés) que dans tel corps les atomes sont disposés comme dans tel autre... On ne prétendrait pas indiquer la disposition des atomes, mais une semblable disposition dans les corps analogues. » Comme on le voit, la nuance est délicate et l'on s'explique que les idées directrices de Laurent aient été si longtemps méconnues. Les doctrines d'inspiration positiviste ou réaliste devraient être choquées par une thèse qui se résume dans cette affirmation : je puis dire que des corps différents ont *même structure* sans rien connaître de leur structure. Une telle identité uniquement inférée, jamais vérifiée, pouvait passer pour une vaine supposition. Cependant, à suivre Laurent dans l'enthousiasme de ses constructions, on voit cette inférence se confirmer dans de si nombreuses comparaisons, que l'extension finit par déceler le caractère caché. *Une fois de plus c'est l'extension qui éclaircit la compréhension*. C'est l'étude en extension qui précède l'étude en compréhension contrairement à toute prévision de philosophie réaliste.

(1) *Loc. cit.*, t. I, p. 9.
(2) *Loc. cit.*, t. I, p. 21-22.

Il y a même intérêt à suivre pas à pas cette voie de l'extension et à retracer la genèse progressive des substances composées ; autrement dit, l'ordre de préparation des substances nouvelles ne correspond pas à un caractère purement accidentel, cet ordre indique une filiation vraiment réelle dans une science qui crée son objet. Ce principe génétique comme base des classifications chimiques est invoqué à plusieurs reprises par Laurent (1). « Les caractères les plus importants, surtout dans la chimie organique, ce sont ceux que les corps présentent dans la manière dont ils se forment et se métamorphosent ; les corps composés peuvent être *engendrés* par plusieurs procédés et ils peuvent engendrer d'autres corps qui ne leur ressemblent pas. Pour les naturalistes, deux individus appartiennent à la même espèce si l'un a été engendré par l'autre ; la génération est un caractère d'une valeur absolue. En chimie il n'y a pas de génération proprement dite. Il y a union, séparation, mais l'origine du corps générateur a pour nous autant d'importance que la génération pour les naturalistes. Ceux-ci séparent-ils l'œuf de sa larve, celle-ci de sa nymphe et de l'insecte parfait ; or l'œuf d'un papillon ressemble plus à l'œuf d'une abeille qu'à ce papillon lui-même ; cependant, quel est le naturaliste qui voudrait séparer l'œuf de la chenille, et celle-ci de la chrysalide ou du papillon ? Pour nous, nous ne séparons pas davantage l'essence d'amandes amères de l'acide benzoïque, de la benzamide, de l'hydrobenzamide, de l'acide *anthranilique*, parce que, avec le premier, on peut faire le second, le troisième, le dernier, et avec

(1) *Loc. cit.*, t. I, p. 28.

celui-ci, refaire les autres. » Dans une lettre à Gerhardt (fév. 1845) Laurent écrit encore (1) : « Le principe de génération... me paraît un excellent élément de classification, car il permet de rapprocher les corps sous le point de vue de leurs métamorphoses les plus prochaines (alcool, acide acétique, aldéhyde, éther, cacodyle). Tout cela se lie. »

Mais c'est surtout dans les synthèses de Berthelot que l'ordre génétique des substances est systématiquement employé pour déterminer les caractères primordiaux de ces substances. Berthelot, rappelant d'ailleurs les travaux de Gerhardt, pose en termes excellents la relation de l'ordre de complexité et de l'ordre de génération (2) : « A l'origine, on avait mis en doute si de telles synthèses, fondées sur l'union de deux principes organiques, donnaient vraiment naissance à un composé plus compliqué, de l'ordre des générateurs. On peut se demander, par exemple, si l'éther acétique est plus compliqué, en réalité, que l'alcool et l'acide générateurs ; en effet, l'éther acétique, traité par les réactifs, fournit constamment les mêmes produits de décomposition que ses deux générateurs envisagés isolément. Aucun de ces produits ne renferme plus de carbone dans son équivalent que l'alcool ou l'acide acétique. Dès lors, peut-on dire que l'éther acétique soit du même ordre qu'un principe représenté par la même formule tel que l'acide butyrique ? attendu que ce dernier corps est d'un ordre supérieur à celui

(1) *Loc. cit.*, t. I, p. 20.
(2) Berthelot, *La synthèse chimique*, 1876, p. 211.

de l'acide acétique et fournit, en se décomposant, des substances plus compliquées que les générateurs de l'éther acétique. »

Par conséquent l'analyse qui ramène le composé aux éléments ne peut nous permettre d'apprécier la complexité d'une substance ; il faut, pour en juger, établir la liste intégrale de tous les corps intermédiaires trouvés dans une analyse ménagée ou mieux encore dans la synthèse progressive qui constitue de toutes pièces des corps intermédiaires.

A ce sujet, Berthelot rappelle les résultats décevants de certaines expériences de distillation si souvent répétées au cours du XVIIIe siècle. Cette méthode permettait une séparation très délicate des essences les plus diverses. Cependant, employée pour l'analyse des substances organiques, « on reconnut (1) non sans surprise, que toutes les substances végétales, soumises à la distillation, fournissent les mêmes principes généraux : de l'eau, de l'huile, du phlegme, de la terre, etc. ; les substances animales donnent naissance aux mêmes produits, et de plus, à l'alcali volatil. Cette identité des produits généraux fournis par l'analyse d'êtres si divers frappa d'étonnement l'esprit des chimistes. Le froment et la ciguë par exemple, l'aliment et le poison, donnent naissance aux mêmes produits généraux, et ces produits n'ont pour ainsi dire rien de commun avec les substances qui les ont fournis. En présence de résultats aussi éloignés du point de départ, il fallut bien se résigner à reconnaître que les moyens d'analyse mis en œuvre avaient dénaturé les matières naturelles. Les corps

(1) BERTHELOT, *loc. cit.*, p. 39.

obtenus dans cette analyse étaient évidemment des substances de nouvelle formation ; et il demeura prouvé que la distillation ne sépare point en général les principes végétaux dans leur état premier ; mais le plus souvent elle les détruit et les décompose. » Ainsi, une méthode comme la distillation qui ne met en jeu qu'un processus bien progressif, facilement réglable, se révèle impropre à isoler les substances intermédiaires qui nous permettraient de concrétiser les différentes phases de la composition chimique.

Notre surprise devant un tel échec provient peut-être d'un préjugé substantialiste qui nous porte à voir dans la distillation une opération par laquelle nous tirons d'une substance complexe des substances élémentaires. L'intuition des substances latentes est au fond de toute doctrine réaliste. Mais à bien y réfléchir nous n'avons aucune garantie qu'une substance chimique, vraiment indépendante, puisse subsister à l'état latent dans un corps composé, et les partisans de la doctrine unitaire, les Laurent, les Gerhardt ont lutté justement durant toute leur vie contre les chimistes de l'école de Berzélius qui voulaient encore « qu'il y ait de l'eau dans les acides ». Il faut bien comprendre que dans les combinaisons chimiques le problème de la substance se complique dans un sens philosophique profond puisqu'on est amené à y adjoindre le problème de la structure.

Pour résoudre ce double problème il faut en quelque sorte trouver le moyen de dessiner expérimentalement les détails et les moments de la structure du composé.

Dans cette recherche, le côté *artificiel* de l'expérimentation chimique apparaît immédiatement. Il ne s'agit pas tant de constater les différentes phases de la combinaison que de provoquer des arrêts dans l'évolution de la structure, d'où le côté essentiellement artificiel des substances intermédiaires. Il y a là, pour les substances, une *sorte de contingence* que nous voudrions souligner. Ainsi le chimiste fabrique de toutes pièces des substances artificielles pour comprendre la véritable structure des substances naturelles. C'est un caractère de la chimie moderne qui n'a pas échappé à Berthelot (1). « Une remarque essentielle au point de vue de la philosophie des sciences trouve ici sa place. Pour aborder la reproduction d'un composé naturel, il est souvent nécessaire d'élever un édifice entier, fondé sur la formation d'êtres artificiels. C'est l'examen de ces derniers qui conduit à reconnaître les lois générales de la composition des êtres naturels et la voie suivant laquelle leur étude, soit analytique, soit synthétique, peut être poursuivie avec quelque espérance de succès. »

Où cette constitution d'êtres artificiels est nettement apparente, c'est en chimie organique, car dans ce domaine les lois générales ont une richesse prodigieuse d'exemples et la variation substantielle qui découle de ces lois générales est d'une sensibilité particulièrement fine. Berthelot l'indique en une page riche de pensée (2). En chimie minérale chaque substance est « le plus souvent seule de son espèce, ou du moins sans analogue prochain. Elle est le signe isolé de quelque loi générale, dont elle constitue l'unique expression. En l'absence de tout terme de comparaison, on ne peut guère ressaisir la trace de la

(1) Berthelot, *loc. cit.*, p. 185. Cf. Gerhardt, *Traité de chimie organique*, p. 3.

(2) Berthelot *loc. cit.*, p. 273.

loi générale que chaque corps particulier représente. Au contraire, en chimie organique, le composé artificiel obtenu par les expérimentateurs, le principe naturel qu'ils cherchent à reproduire n'est point un être isolé, mais le fragment d'un tout plus étendu, l'expression particulière d'une loi générale, qui se traduit encore par une multitude d'autres expressions analogues. L'étude des cas semblables permet de reconstruire le tout par la pensée et de remonter à la conception de la loi générale. Enfin la connaissance complète du tout permet à son tour d'établir avec certitude les origines et la filiation des cas individuels... Tout corps, tout phénomène représente, pour ainsi dire, un anneau compris dans une chaîne plus étendue de corps, de phénomènes analogues et corrélatifs. Dès lors on ne saurait le réaliser individuellement, à moins d'être devenu maître de toute la série des effets et des causes dont il représente une manifestation particulière ».

On voit s'affirmer l'importance d'une étude extensive des substances. C'est par le tout qu'on comprend les parties. Dans ces longues séries de carbures homologues établies par la science moderne, la substance réalisée n'est qu'un exemple de la substance réalisable. C'est la loi générale qui compte et elle ne vaut que pour *inférer* des substances nouvelles. L'inférence va ainsi non pas simplement de qualités à qualités, comme le permet l'analogie usuelle, mais de substances à substances. La loi d'homologie est une loi d'ontogénie, mais d'ontogénie active, dont l'homme même fixe le plan. En suivant les indications de ce plan de construction, l'ingénieur chimiste poursuit une fin. Tout son art est de trouver dans les courbes d'évolution substantielle celle qui peut le conduire à son but. Vues dans leur ensemble, les substances homologues ainsi artificiellement créées ne sont que des arrêts dans un processus génétique et leur principal intérêt est de prouver la réalité du processus qui les produit. On a affaire dans cette partie de l'épistémologie chimique à des substances qui prouvent une loi par leur seule existence. Le problème de la classification domine le problème de la connaissance d'une substance particulière. Une substance particulière ne présente qu'une zone de passage, elle est un état intermédiaire qui est produit par une substance antécédente et qui doit donner une substance nouvelle. La substance est ici une véritable concrétion d'une force substantialisante. On peut alors vraiment dire qu'on connaît une substance dans l'exacte proportion où on lui désigne une place dans un plan. Cela est si vrai qu'on connaît les caractères de la place avant d'avoir isolé ou créé la substance qui occupera cette place. Les substances nouvelles ne correspondent pas à des êtres trouvés par l'observation, mais à des êtres réalisés par une expérience solidaire d'une théorie ; elles ne sont en quelque sorte que les divers moments d'une méthode. Ce sont des *concepts réalisés*.

On sait combien prodigieux est le nombre des substances organiques étudiées par la chimie contemporaine. Une question vient alors à l'esprit : jusqu'à quel point peut-on dire que ces substances *existent* dans la nature, ou plus généralement parlant, quels sont, dans le domaine de la chimie, les rapports du possible et du réel ?

En fait, la nature ne réalise que des espèces chimiques très peu nombreuses. Ainsi la vie n'organise qu'une vingtaine de corps gras parmi les centaines de millions dont Berthelot affirmait déjà la production possible. Au fond, le jeu des circonstances où la vie reste possible correspond à un déterminisme peu sensible et les critères de pureté imposés par les conditions vitales sont assez grossiers pour permettre des adaptations souvent très tolérantes du point de vue chimique. La vie ne fournit donc pas un processus suffisamment délicat pour suivre, sans oublier divers corps intermédiaires, la filiation génétique des substances organiques composées. *La chimie organique devrait être plutôt considérée comme une chimie qu'on organise.* Et ce n'est pas la vie qui l'organise vraiment ; l'intelligence humaine, *substituant au déterminisme des faits, le déterminisme des idées*, impose un plan, elle réalise une fin. En particulier, aucun hasard ne saurait mettre en présence, dans les conditions extérieures requises, les justes proportions des éléments nécessaires à la constitution des divers composés. Ainsi, non seulement le réel n'atteint pas tout le possible, mais le possible même de la nature est loin de pouvoir rivaliser avec les possibilités humaines. La science factice déborde nettement la science naturelle.

On peut signaler d'ailleurs une intéressante réaction de la science réalisée sur la science réalisable. C'est un poncif d'affirmer que la chimie de l'avenir nous livrera, au lieu et place des substances naturelles, tout un ensemble d'aliments, de remèdes, de parfums, de stucs, de ciments, de fibres qui bouleverseront l'industrie, le commerce, la vie entière. De telles prévisions dans l'ordre pratique donne une idée au fond très erronée du véritable destin de la science. Ce qu'il faudrait imaginer pour en juger sainement, c'est dans quelle mesure des réalisations aussi diverses et novatrices bouleverseront nos vues théoriques.

Il faudrait en somme prévoir comment notre base de prévision sera modifiée. Problème difficile et qu'on peut à peine poser. A réalisation nouvelle, pensée nouvelle. La création de corps chimiques à structure délicatement et progressivement variée doit fonder un *empirisme rectifié*. Actuellement, nous puisons encore presque toutes nos intuitions scientifiques dans l'expérience immédiate ; c'est là la triste rançon d'un enseignement expérimental donné sous forme ingénue et élémentaire. Mais tôt ou tard les substances factices doivent primer en importance pédagogique les substances naturelles pour la raison bien simple que la synthèse qui produit les substances factices est plus éducative que toute analyse. On reconnaît alors l'intérêt de s'appuyer sur une échelle de substances, en faisant passer *la loi* intersubstantielle avant le *fait* qui décrit une substance particulière. On voit immédiatement que les qualités naturelles ne conduisent qu'à une classification provisoire et que les qualités génétiques fournissent le véritable plan de pensée en fournissant le plan même de notre action créatrice. Pour ne donner qu'un exemple, rappelons que l'on ne classe plus actuellement l'acide oléique parmi les acides gras proprement dits parce que cet acide échappe à l'ordre génétique où tous les acides gras trouvent place (1). Il est bien sûr que si l'on tenait compte avant tout de l'origine naturelle ou même de la fonction fondamentale d'éthérification, on ne devrait pas ranger dans deux classes différentes l'acide palmitique tiré de l'huile de palme et l'acide oléique tiré de l'huile d'olive. Mais l'échelle d'homologie,

(1) Cf. LAMIRAND, *Nouveau cours de chimie*. Philosophie, p. 201.

dès qu'elle prend une certaine étendue, devient le guide vraiment primordial, et si une substance particulière, comme ici l'acide oléique, s'écarte du plan général des substances, c'est encore en prenant pour base ce plan général qu'on saisit le mieux le sens de la dérogation. Nous voyons donc bien qu'un empirisme fondé sur les résultats de l'expérimentation succède à un empirisme fondé sur les données de l'observation et que l'empirisme ainsi rectifié se réfère au caractère factice pour expliquer le caractère naturel.

Berthelot a insisté à plusieurs reprises sur cet effort créateur de la chimie moderne (1). « La chimie crée son objet. Cette faculté créatrice, semblable à celle de l'art lui-même, la distingue essentiellement des sciences naturelles et historiques. Les dernières ont un objet donné d'avance et indépendant de la volonté et de l'action du savant... Au contraire, les sciences expérimentales ont le pouvoir de réaliser leurs conjectures. Ces conjectures servent elles-mêmes de point de départ pour la recherche de phénomènes propres à les confirmer ou à les détruire : en un mot, les sciences dont il s'agit poursuivent l'étude des lois naturelles, en créant tout un ensemble de phénomènes artificiels qui en sont les conséquences logiques. A cet égard, le procédé des sciences expérimentales n'est pas sans analogie avec celui des sciences mathématiques. » Nous retrouverons, à plusieurs reprises cette substructure conceptuelle qui coordonne les divers schémas des substances homologues et qui nous amène à considérer les corps nouveaux comme des épures que nous avons pour tâche de matérialiser. On construira ainsi de véritables

(1) Berthelot, *loc. cit.*, p. 274.

machines chimiques, aux organes délicats et multiples, aux fonctions bien agencées et toute une technologie qui poursuit des fins succèdera à l'étude chimique première — tout ontologique — qui trouvait tout son intérêt à déceler les qualités des substances.

D'ailleurs la fin poursuivie dans la constitution des séries de substances homologues harmonise la diversité ainsi créée. Les intermédiaires une fois rétablis, les substances trouvées dans la nature perdent une partie de leur contingence. La logique qui inspire nos recherches apporte l'enchaînement et la nécessité, quelque hostile que soit la matière sur laquelle nous agissons. Il s'agit maintenant — étrange renversement philosophique — d'une forme qui cherche sa matière. Ce n'est pas sans raison qu'au milieu du XIXe siècle, on caractérisait la chimie qui tentait d'ordonner les substances en l'appelant la chimie rationnelle. Une solidarité toute nouvelle découlait des inférences ordinales. Les pièces de la construction d'ensemble semblaient perdre leur indépendance. A propos de ce problème limité des séries homologues, on voit donc bien apparaître une de nos conclusions : le pluralisme peut se tempérer en se multipliant. Nous pouvons accepter cette maxime : une diversité produite est une diversité réduite.

La qualité, par son ordination, perd en quelque manière son caractère d'imprévisibilité, en d'autres termes, l'ordre, comme la mesure, conduit à de très fructueuses interpolations. Gerhardt a fortement marqué ce *réalisme de l'ordre* qui jette un pont entre les substances. Après avoir donné les formules des acides : formique, acétique, propionique, butyrique, valérique, caproïque, caprylique œnanthylique, pélargonique, rutique ou caprique, il fait les remarques suivantes : (1). « Si l'on examine les caractères physiques de ces acides, si l'on compare entre eux leur état, leur solubilité, leur point d'ébullition, leur point de fusion, en prenant pour cela le premier terme, l'acide formique, et le dernier terme, l'acide caprique, on ne découvre au premier abord aucune analogie : en effet, l'acide formique est un liquide excessivement corrosif, se solidifiant au-dessous de zéro seulement, miscible à l'eau en toutes proportions, bouillant déjà à 100°, tandis que l'acide caprique est une huile grasse, sans causticité, se solidifiant à 27° 2, extrêmement peu soluble dans l'eau et ne bouillant que vers 275°. Mais qu'au lieu de comparer ainsi entre eux deux termes extrêmes, on fasse le même examen sur deux termes contigus ; que l'on compare par exemple l'acide formique et l'acide acétique ou l'acide acétique et l'acide propionique, ou l'acide propionique et l'acide butyrique, etc, et l'on trouvera leurs propriétés si semblables, qu'il sera très difficile de les distinguer sans une détermination spéciale et rigoureuse. Que l'on continue ensuite ces rapprochements en laissant chaque fois, entre deux termes quelconques soumis à la comparaison, l'intervalle d'un terme, puis de deux termes, puis de trois termes etc., et l'on verra que les différences, très faibles lorsqu'elles portent sur des termes contigus, plus apparentes lorsqu'un terme intermédiaire sépare les deux termes comparés, on verra, dis-je, que les différences, loin d'être fortuites et imprévues suivent une progression parfaitement régulière. Cette régularité est telle que si, comme il arrive parfois, on n'a pas encore déterminé expérimen-

(1) Gerhardt, *Traité...*, t. I, p 123.

talement le point d'ébullition, la solubilité, le point de fusion, ou tout autre caractère de l'un des termes d'une série homologue, on peut indiquer, *a priori*, ce caractère, si on le connaît déjà pour certains autres termes de la série. On ignore, par exemple, le point d'ébullition de l'acide propionique, mais on connaît les points d'ébullition de ses homologues :

l'acide formique bout à	100°
l'acide acétique bout à	120°
l'acide propionique bout à....................	?
l'acide butyrique bout à......................	164°
l'acide valérique bout à	175°
l'acide caproïque bout à......................	202°

Or, d'après les points d'ébullition précédents, on peut prédire avec certitude que le point d'ébullition de l'acide propionique sera aux environs de 140°, dans les conditions de pression ordinaires. »

Il y a là une manière de contiguïté substantielle qui revient à une quantification des propriétés ; non seulement on prévoit l'ordre dans lequel se développent les propriétés des substances mais on a une mesure des intervalles qui séparent les diverses étapes de la propriété. Une telle valeur de prévision accentue le caractère rationnel de l'expérimentation du chimiste.

Avec la constitution des séries linéaires de corps homologues, la classification des corps composés n'a pas encore trouvé son principe vraiment général. Il reste encore à mettre en rapport les séries homologues, elles-mêmes. On arrive ainsi à constituer des tableaux rectangulaires où s'affirme une double raison de classification, les colonnes verticales et les lignes horizontales donnant deux processus génétiques de sens différents.

Gerhardt avait déjà tenté de tels rapprochements. Il adjoignait à l'ordre de ses homologues qui caractérisait un genre un autre motif de classement qu'il appelait l'échelle de combustion et qui devait caractériser une *famille*. On obtenait cette échelle de combustion en détruisant peu à peu un corps complexe par des combustions progressives. Une telle méthode était en rapport avec l'intuition tout analytique qui, lors de ses premiers travaux, guidait Gerhardt et qui l'écartait des méthodes synthétiques conçues comme des recherches vraiment initiales. Cette préférence philosophique est souvent clairement exprimée (1). Il écrit ainsi en 1842 : « notre rôle se borne à simplifier, à brûler les matières complexes que nous offre le règne organique... Ces produits de notre destruction, la force vitale les vivifie de nouveau ; elle recompose avec eux les substances brûlées dans nos laboratoires... nous le répétons, les forces chimiques sont contraires aux forces vitales ; le chimiste fait donc tout l'opposé de la nature vivante ; il brûle, il détruit, il opère par analyse. La force vitale seule opère par synthèse ; elle reconstruit l'édifice abattu par les forces chimiques. » D'où la nécessité, nettement soulignée par Gerhardt, de partir des substances les plus complexes telles que la matière cérébrale, l'albumine, la fibrine, etc., c'est en décomposant ces chef-d'œuvres naturels que nous isolerons progressivement, aux différents paliers de la combustion, tous les corps de la chimie organique.

Tout compte fait, l'échelle de combustion de Gerhardt,

(1) Cité par Grimaux, *L'œuvre de Ch. Gerhardt*, p. 318.

parcourue dans l'unique sens de l'analyse et de la destruction, n'est pas susceptible de donner le principe adjoint dont une classification globale a besoin. Grimaux indique tout ce qu'elle a de factice car elle conduit à déterminer la famille analytiquement, par la seule teneur des corps en carbone (1). On rapprocherait ainsi dans une même famille des corps qui n'ont aucune parenté. D'un point de vue philosophique et en se référant aux recherches synthétiques, on pourrait objecter à la deuxième méthode de Gerhardt que l'activité de l'atome de carbone seule considérée ne suffit pas à rendre compte de toute la molécule d'un corps organique complet.

Dans ce domaine, c'est encore l'influence de Laurent qui poussa Gerhardt à rectifier son intuition directrice. Au cours même de la publication de son Précis, Gerhardt ajouta au deuxième volume un chapitre où il donne enfin place à l'idée de substitution. En somme, la substitution telle que la conçoit Laurent est une *synthèse subreptice*. Elle retranche bien un des éléments constituants de la molécule primitive, mais c'est immédiatement pour remplacer cet élément par un radical. Ce radical peut d'ailleurs dépasser en complexité la partie arrachée à la molécule, de sorte que la valeur synthétique de la substitution devient évidente. C'est dès lors par une double voie synthétique qu'on pourra établir une classification générale en s'appuyant sur chacune des deux parties qui interviennent dans une substitution particulière. Il y a là un caractère philosophique tout à fait spécial aux classifications des composés chimiques.

(1) Voir Grimaux, *loc. cit.*, p. 338.

Laurent en a lui-même souligné la singularité (1). « Si l'on consulte les sciences naturelles, on voit que l'idée dominante consiste à rapprocher les uns des autres, les êtres qui se ressemblent par le plus grand nombre de parties ; si l'on essaie d'appliquer ensuite cette idée à la chimie, on est immédiatement arrêté par une difficulté insurmontable. Tous les corps en effet ont pour ainsi dire une double face ; suivant qu'on les envisage d'un côté ou de l'autre, on est conduit à les ranger dans une classe ou dans une autre. » Et Laurent donne un exemple bien simple où il montre l'ambiguïté de la classification des sels, suivant qu'on s'adresse comme principe de classification à l'acide du sel ou bien au métal. Il conclut (2) : « Une série linéaire, où les corps qui se ressemblent le plus seraient placés les uns à côté des autres, est donc une chose impraticable dans toute classification. » Bien entendu la comparaison des corps organiques donne une tout autre portée à ces remarques. C'est tout un panorama des synthèses qu'on obtiendra en réunissant les séries de substitutions et les lignes d'homologues. En 1845, Laurent rêvant d'apporter la suprême coordination à son plan synthétique écrit à son ami : « Je viens d'acheter un long et large registre dans lequel je vais essayer de faire entrer mes séries verticalement et vos homologues horizontalement. » Dès lors apparaît, pour la nomenclature, la nécessité de recourir à deux mots pour désigner et classer une substance organique, l'un des mots correspondant à la ligne horizontale, l'autre à la ligne verticale. Le premier nom pourra être

(1) Correspondance de Charles Gerhardt..., t. I, p. 271.

(2) *Loc. cit.*, t. I, p. 272.

un substantif, le second un adjectif, par exemple : alcool méthylique, éther amylique.

On se tromperait beaucoup si l'on rapprochait cette méthode des dénominations attachées par Linné aux êtres vivants. Dans la nomenclature retenue par Laurent on ne définit pas un objet par le genre prochain et la différence spécifique, en arrêtant l'esprit sur un point d'une série linéaire ; on fixe par le jeu du substantif et de l'adjectif un point de rencontre de deux processus génétiques bien différents. Dans cette méthode, un composé chimique se trouve au point de croisement de deux ordres de synthèse. On pourrait aussi bien réformer le langage en faisant de l'adjectif un substantif et du substantif un adjectif. L'un n'est pas plus immédiat que l'autre. Ils sont l'un et l'autre deux qualificatifs phénoménologiques. Trace nouvelle du caractère éminemment relationnel du substantialisme, quand il tente, avec la chimie moderne, de prendre une vue d'ensemble de toutes les substances. Ces relations devenues systématiques ont fourni des schémas d'induction d'une merveilleuse puissance. Nous n'en suivrons cependant pas le développement, car l'histoire de la chimie organique a été souvent tracée. Il nous suffit de constater que dans la chimie organique le pluralisme se coordonne dans la mesure même où il s'enrichit.

CHAPITRE IV

LA CLASSIFICATION LINÉAIRE DES ÉLÉMENTS

Ainsi la chimie s'ordonne par le sommet puisque c'est dans les problèmes de la composition que l'ordre se présente à la fois comme le plus utile et le plus systématique. Mais au fur et à mesure que la *diversité* apportée par la composition chimique s'ordonne et s'éclaire, on sent naître le besoin de considérer de plus près la diversité des éléments. Cette diversité est-elle absolue ? C'est là une question philosophique que le chimiste moderne estime prématurée. En tout cas, on peut désormais faire le bilan de la diversité : les substances réfractaires à l'analyse se présentent maintenant comme les éléments d'un pluralisme bien défini expérimentalement. On est alors amené à énoncer les propriétés distinctives des différents éléments de ce pluralisme. Le problème du divers est donc devenu, au début du XIXe siècle, un problème de la classification des substances élémentaires.

Mais où trouver le principe de la classification ? On peut distinguer deux sortes d'essais suivant qu'on s'adresse à un principe trop particulier ou qu'on se place à un point de vue trop général.

La plupart des chimistes s'attachèrent pour classer les éléments à un type particulier de réaction. Ainsi la classification de Fourcroy pour les métaux revient à considérer surtout le caractère de leurs oxydes, la faculté plus ou moins grande d'être « acidifiables ». La classification de Thénard (1813) s'appuie d'une manière plus précise sur l'affinité des métaux pour l'oxygène. Thénard établit ainsi quelques parentés légitimes. Berzélius développant les idées de Davy, range les éléments dans un ordre purement linéaire correspondant à un caractère électrique assez mal défini.

Le principe qui guide Ampère (1816) est plus ambitieux puisqu'il prétend tracer un tableau qui tiendrait compte de *l'ensemble des propriétés des éléments.* Dans son mémoire, Ampère souligne à plusieurs reprises qu'un caractère commun, pour dominant qu'il soit, ne doit pas déterminer à lui seul un rapprochement. Ce caractère particulier doit céder la place devant une masse d'analogies. Ampère vise ainsi à un synthétisme maximum. Il aboutit cependant à un système qui n'eut aucune influence ; son effort de nomenclature ne laissa pas un seul nom dans la science. Tous les éléments étaient d'abord rangés en trois classes qui recevaient les noms généraux de gazolytes, leucolytes, chroïcolytes. Chacune des classes était à son tour divisée en cinq familles qui comprenaient elles-mêmes plusieurs éléments. Guibourg, en 1822, essaya vainement de corriger la classification d'Ampère.

Ainsi, la généralisation du principe de classification échouait comme les classifications à base plus particulière. Il faudra en venir à dégager patiemment la notion de *famille naturelle* d'éléments pour apporter quelque lumière dans le problème.

Auguste Comte a fort bien apprécié ce qu'il y avait de vraiment spécial dans le problème des classifications chimiques. Il insiste sur la position curieusement intermédiaire de la science chimique qui emploie là le procédé fondamental des sciences de la vie, procédé sans application utile dans les sciences physiques (1). Si l'art des classifications ne peut « offrir à la physique aucune ressource vraiment importante, la chimie, par sa nature est, à cet égard, dans de tout autres conditions, qui se rapprochent à un certain degré, de celles que la physiologie seule peut manifester complètement. Je n'ai pas besoin d'en signaler ici d'autre indice général que l'existence des familles naturelles, unanimement admise aujourd'hui, en chimie, par toutes les têtes philosophiques, quoique la classification correspondante à ce principe soit encore loin, sans doute, d'être convenablement établie. La possibilité reconnue d'une semblable classification doit nécessairement conduire à celle de la méthode comparative, l'une et l'autre étant fondées sur la considération commune de l'uniformité, dans une longue série de corps différents, de certains phénomènes prépondérants. Il existe même entre ces deux ordres d'idées une telle liaison réciproque, que la construction d'un système naturel de classification chimique, si justement désiré aujourd'hui, est impossible sans une large application de l'art comparatif proprement dit, entendu à la manière des physiologistes ; et pareillement, et en sens inverse, la chimie comparée ne saurait être régulièrement cultivée, tant que l'esprit ne pourra point s'y diriger d'après une ébauche de classification naturelle. Quoi qu'il en soit, ces considérations de haute philosophie chimique me paraissent rendre incontestable la convenance fondamentale, et même l'application peu éloignée, du procédé comparatif

(1) A. Comte, *Cours de philosophie positive*, t. III, p. 14.

au perfectionnement général des connaissances chimiques. »

Si nous citons cette longue page, c'est qu'elle traduit fort nettement le besoin philosophique d'une synthèse générale. L'esprit, semble-t-il, ne peut accepter que des éléments chimiques différents restent incomparables, autrement dit, la chimie ne peut être une science d'objets hétéroclites, elle doit trouver des raisons d'unité. Ces raisons d'unité, c'est précisément les diverses réactions mutuelles des substances élémentaires. Comte indique fort bien que la constitution des *familles* est sous l'étroite dépendance des combinaisons. Il s'oppose au substantialisme immédiat, à cette philosophie étroitement réaliste qui croit trouver dans une substance déterminée la racine profonde et unique de toutes ses qualités. Nous tenons à souligner l'adhésion de Comte à une doctrine plus synthétique des propriétés de l'être. On peut, dit-il, (1) « poser en principe que la hiérarchie des substances élémentaires ne doit pas être uniquement déterminée par la seule considération de leurs propres caractères essentiels, mais aussi par celle, non moins indispensable, quoique indirecte, des principaux phénomènes relatifs aux composés qu'elles forment. Ainsi conçue, cette question est une des plus capitales que puisse présenter la philosophie chimique : bornée, au contraire, à l'examen direct des corps simples, elle offrirait aussi peu d'intérêt que de rationalité ; car, en soi-même, il importe assez peu, sans doute, suivant quel ordre conventionnel on procéderait à l'étude successive de ces cinquante-six corps, dont les histoires propres sont nécessairement indépendantes ».

(1) COMTE, *loc. cit.*, p. 47.

Ainsi un élément particulier se classe dans une famille par la considération d'une *somme* de propriétés synthétiques plutôt que par la connaissance d'un caractère bien déterminé et saillant. On se rend dès lors compte qu'on ne pouvait constituer les familles d'éléments qu'après avoir poursuivi de très nombreuses recherches synthétiques. De fait, il est extrêmement frappant que *pas une famille* n'ait trouvé ses linéaments au cours de la science du XVIIIe siècle. Les erreurs d'apparentage des corps simples sont aussi nombreuses que les tentatives. Geoffroy rapprochera le bismuth du plomb, Malouin, le zinc de l'étain. Comme on admet d'ailleurs un véritable mobilisme de la qualité, on ne donne pas beaucoup d'importance à la notion de famille. Baumé dira par exemple (1) : « Je donne à penser que (le nickel) peut être du cobalt dans un certain état, et dépouillé de la substance qui fournit du bleu par la vitrification. » De telles erreurs sont au fond plutôt d'ordre philosophique que d'ordre expérimental et la philosophie sensualiste du XVIIIe siècle en est peut-être directement responsable. On classe en effet les corps d'après le premier aspect, d'après un caractère direct et unique, livré par l'observation immédiate. Le succès viendra au contraire quand on pourra multiplier les raisons *d'expérimentation* et qu'on pourra trouver dans des *synthèses multiples* des recoupements pour assurer les caractères vraiment chimiques. On voit donc qu'un principe unique de classification, qu'il soit général ou particulier, est par certains côtés arbitraire. La science chimique ne peut s'ordonner qu'en se coordonnant.

(1) BAUMÉ, *loc. cit.*, p. 27.

C'est vraiment Dumas (1828) qui établit certaines familles qui pouvaient à bon droit passer pour naturelles. Il se guida sur les combinaisons avec l'hydrogène, le chlore et l'oxygène et détermina pour les métalloïdes un classement en 5 divisions. Mais les métaux restèrent en dehors de cette classification. Des efforts plus étendus furent poursuivis par Despretz (1830), Hoefer (1841) Baudrimont (1844) sans permettre d'établir un véritable système des substances élémentaires. En effet, le principe de classification par familles apportait au fond peu de lumière dans le problème de la réduction du divers. Il doublait même en quelque sorte la difficulté puisqu'un pluralisme sans loi restait à l'intérieur de chaque famille et qu'en second lieu les familles se présentaient isolées les unes des autres.

Il fallait donc enrichir l'idée génératrice de la classification. Nous verrons que la classification vraiment naturelle doit mettre en jeu concurremment deux idées : l'idée de poids atomique et l'idée de valence. Les poids atomiques considérés seuls nous donneraient encore une classification linéaire. C'est en adjoignant l'idée de valence (ou, d'une manière plus obscure, l'idée de famille) qu'on aura en quelque manière une ligne de rappel propre à substituer un *tableau* à un alignement. Schéma tout nouveau qui va se révéler, pour apprécier les vrais rapports des substances simples, aussi riches d'enseignement que le tableau de Gerhardt pour les substances composées. Avec les idées de Mendéléeff, la classification des substances prend ainsi une portée toute nouvelle.

LIVRE II

CHAPITRE V

LA CLASSIFICATION DES ÉLÉMENTS D'APRÈS MENDÉLÉEFF

C'est bien un problème de classification synthétique qu'envisage Mendéléeff. Avant d'exposer sa loi périodique des éléments, il constate que (1) « la somme des notions que nous possédons sur les transformations propres aux corps simples est insuffisante pour permettre d'apprécier la similitude des éléments ». Il faut, en effet, trouver, pour classer scientifiquement, un *ensemble* bien convergent de propriétés similaires.

Mais d'abord cette notion de similitude est-elle nettement précisée, n'implique-t-elle pas certains postulats d'ordre véritablement métaphysique ?

Nous n'avons évidemment qu'un moyen de classer les éléments ; c'est de rapprocher les corps qui ont des propriétés semblables. Mais une difficulté se présente immédiatement : nous nous rendons compte rapidement que les propriétés ne sont pas toutes au même niveau phénoménologique. Il nous audrait donc un critère pour déterminer l'ordre des apparences. Nous en arrivons toujours

(1) Mendéléeff, *Principes de Chimie*, trad., t. II, p. 436.

à postuler une essence sans pouvoir apprécier le lien ou la fonction qui unirait le caractère que nous retenons comme essentiel et les multiples propriétés qui le manifestent. Bref, nous ne savons pas si nous nous confions, lors de nos classements, à des fonctions de fonctions, à des apparences lointaines et indirectes ou si, au contraire, nous tenons bien la variable indépendante et primordiale.

Resterait donc la ressource d'une classification par une propriété unique, bien spécifiée. Mais immédiatement apparaît le caractère uniquement pragmatique d'une telle classification car, en fait, si l'on s'adresse à des propriétés isolées, différentes, les classifications obtenues ne sont pas homographiques. Comme Mendéléeff l'indique lui-même « le lithium et le baryum ont plusieurs propriétés analogues à celles du sodium ou du potassium ; sous d'autres rapports ils se rapprochent du magnésium ou du calcium. D'une manière plus générale, Baumé avait déjà fait la remarque que les tables d'affinité par voie humide et par soie sèche ne correspondaient pas parfaitement.

C'est précisément pour échapper à cette diversité ordinale des qualités que Mendéléeff propose d'avoir recours à des caractères *quantitatifs*. Nous pouvons classer les arguments de Mendéléeff en deux troupes. Le premier groupe d'arguments se réfère aux propriétés physiques de cristallisation. Le deuxième groupe réunit des observations plus proprement chimiques. Bornons-nous à ces observations.

En fait, les *types de combinaisons* paraissent établir, entre les éléments, une parenté plus solide que les types de cristallisation. Aussi bien, c'est le caractère défini de ces combinaisons qui a conduit, comme on le sait, à postuler l'atome. Les lois de Proust et de Dalton peuvent donc fournir des arguments en faveur d'un classement intrinsèque, non plus physique comme l'isomorphisme, mais spécifiquement chimique.

Mendéléeff dans son exposé commence à se référer aux combinaisons des différents éléments avec un élément monovalent. Il distingue ainsi huit types de combinaisons. Si X est l'élément monovalent *classificateur*, les éléments R_i à classer devront fournir les combinaisons suivantes :

$$R_aX,\ R_bX^2,\ R_cX^3,\ R_dX^4,\ R_eX^5,\ R_fX^6,\ R_gX^7.\ R_hX^8.$$

Les valences considérées chimiquement, sans le secours des propriétés électriques, paraissent s'estomper en se multipliant, de sorte que le principe de classification s'obscurcit de plus en plus à l'égard des corps aux valences nombreuses. Mendéléeff, dans sa sixième édition, retrace la progressive découverte de combinaisons où s'échangent des valences de plus en plus nombreuses. (1) « Il n'y a pas longtemps encore, à l'époque de Gerhardt, on admettait trois types seulement : RX, RX^2 et RX^3. Plus tard sous l'influence des recherches de Kuper, Kékulé, Boutleroff et d'autres, on ajoute un quatrième type RX^4 principalement pour généraliser les composés du carbone. Beaucoup d'autres se contentent même jusqu'à présent de ces quatre types en en faisant dériver les types supérieurs, par exemple RX^5 de RX^3 comme par exemple $POCl^3$ de PCl^3 (l'oxygène serait dans ce cas lié avec le chlore — comme dans HOCl — et avec le phosphore. » Ainsi vers le centre de la série on ferait appel

(1) MENDÉLÉEFF, *loc. cit.*, t. II, p. 453.

à un autre procédé de soudure, *première tendance à fixer une région moyenne, centre d'une symétrie plus ou moins parfaite.* Mendéléeff n'obéit pas à cette intuition. « Actuellement, continue-t-il, on voit nettement que les types RX, RX^2, RX^3 et RX^4 sont insuffisants pour comprendre toutes les variétés des phénomènes, surtout depuis que Wurtz a démontré que PCl^5 n'est pas une combinaison des molécules PCl^3 + Cl^2 (bien qu'il puisse leur donner naissance par décomposition) mais qu'il existe bien à l'état de molécule indépendante pouvant se transformer intégralement en vapeur au même titre que PF^5 ou SiF^4. »

La référence aux combinaisons oxygénées conduit Mendéléeff aux mêmes conclusions. Le chiffre huit y joue un rôle encore plus apparent. « Les hydrates acides (par exemple $HClO^4$, H^2SO^4, H^3PO^4) et les sels renfermant un atome d'élément ne contiennent dans leurs termes supérieurs *jamais plus de quatre atomes d'oxygène* » soit huit valences (1).

Enfin, en rapprochant les composés oxygénés et hydrogénés d'un même corps, Mendéléeff arrive à une confirmation de sa thèse. Mais cette confirmation, phénoménologiquement parlant, n'a pas de racines expérimentales visibles. « L'azote se combine avec une plus grande quantité d'oxygène : Az^2O^5, mais en revanche, il ne fixe qu'une plus faible quantité d'hydrogène dans AzH^3. Comme toujours, *la somme des équivalents d'oxygène et d'hydrogène combinés à un atome d'élément est égale à huit.* Il en est de même pour les autres éléments placés dans les mêmes conditions. Ainsi le soufre forme SO^3 ; il

(1) Mendéléeff, *loc. cit.*, t., II, p. 456.

s'y trouve, pour un atome de soufre, 6 équivalents d'oxygène et dans SH^2 deux équivalents d'hydrogène, au total 8 équivalents. Telle est encore la proportion dans Cl^2O^7 et ClH. Par leur généralité et leur simplicité, ces rapports montrent que la propriété qu'ont les éléments de se combiner à d'autres éléments, aussi différents que l'oxygène et l'hydrogène, est soumis à une loi unique et générale. (1) »

Il faut bien comprendre que dans cette inférence *complexe* qui s'appuie à la fois sur les composés oxygénés et les composés hydrogénés, on se confie à une sorte d'idéal dialectique qui permet de compléter l'une par l'autre les lois de l'oxydation et de l'hydrogénation. Mais nulle intuition ne vient soutenir et expliquer, dans le travail de Mendéléeff, le fait que la somme des équivalents d'oxygène et d'hydrogène dans des corps différents est égale à huit.

Nous touchons donc à la naissance expérimentale de la notion d'*octave chimique* qui devait par la suite jouer un rôle si important. Il ne s'agit d'ailleurs pas d'un classement pragmatique ou mnémotechnique. Du fait que plusieurs propriétés chimiques coopèrent pour solidariser l'octave, on est en droit de parler du réalisme de cette notion. On peut donc désormais espérer trouver des fondements de l'octave en dehors du premier classement, appuyé sur la phénoménologie des combinaisons chimiques En fait, on a connu une octave avant son intégration dans l'ensemble des octaves. C'est le signe que l'harmonie de Mendéléeff ne procède pas d'une vue *a priori* mais bien d'une longue méditation des faits du laboratoire.

(1) Mendéléeff, *loc. cit.*, t. II, p. 457.

Mendéléeff va même jusqu'à taxer d'analogie les principes de classification fondés sur les rapports même pondéraux, que soutiennent les corps en combinaison. Autrement dit, bien que les combinaisons de ces corps obéissent à des lois pondérales, Mendéléeff préfère s'appuyer directement sur les poids atomiques eux-mêmes. Il est de fait que le système des poids atomiques représente le résumé à la fois le plus large et le plus succinct des combinaisons. C'est au fond le système des plus petits multiples communs des facteurs de combinaison.

Mendéléeff s'adresse donc pour avoir une classification sûrement complète et clairement suffisante aux poids atomiques des éléments. « Il résulte de toutes les notions précises que l'on possède sur les phénomènes de la nature que toutes les propriétés d'une substance dépendent justement de sa masse. » Il y a là une affirmation qui réclamerait examen. La preuve qu'apporte immédiatement Mendéléeff ne laisse pas d'être obscure. Cette interdépendance de toutes les propriétés et du poids serait assurée « parce que, ajoute-t-il, toutes, elles sont fonction des mêmes conditions ou des mêmes forces qui déterminent le poids du corps : or, ce dernier est directement proportionnel à la masse de la substance » (1). Ainsi le poids — phénomène privilégié — expliquerait tout.

Il en ressort immédiatement la nécessité de ranger les éléments d'après la grandeur de leur poids atomique. Mais ce qu'il y a d'étonnant, c'est que le classement par octave dont nous avons vu le sens de phénoménologie combinatoire va maintenant s'insérer sans grande peine dans le classement général. Il semble que les deux principes de

(1) Mendéléeff, *loc. cit.*, t. II, p. 461.

classification s'accordent d'emblée mais rien ne permet de dire, comme on le fait parfois, que l'idée d'octave ait surgi au moment où Mendéléeff a adressé la liste complète des éléments. Au contraire l'idée de famille d'éléments était depuis longtemps familière aux chimistes. Cependant ce qui va apparaître comme vraiment nouveau, c'est que les diverses octaves se correspondent et que de l'une à l'autre les propriétés les plus variées se répètent. C'est cette correspondance qui fait l'intérêt de la loi périodique que Mendéléeff exprime ainsi : « Les propriétés des corps simples, comme les formes et les propriétés des combinaisons, sont une fonction périodique de la grandeur du poids atomique. » Cette loi qui devait avoir un si grand destin fut énoncée en 1869.

Quand on suit les explications de Mendéléeff, on s'aperçoit bien qu'il est guidé en établissant son tableau par les divers degrés d'oxydation. En dessous des colonnes figurent d'ailleurs les types d'oxydes dont nous avons parlé plus haut. Il y a huit formes d'oxydes ; c'est pourquoi il y a huit groupes d'éléments. L'oxydation, si importante dans la chimie lavoisienne, détermine donc de véritables facteurs de rappel qui ramènent les éléments dans leur famille particulière.

Il semble d'ailleurs que l'audace de Mendéléeff ait été aidée par la confiance qu'il avait d'être en face d'un jeu discontinu et par conséquent fini de combinaisons. C'est pourquoi il formule une objection préalable contre tout emploi de représentation par courbes (1). « La loi périodique réelle ne correspond pas à la modification pro-

(1) Mendéléeff, *loc. cit.*, t. II, p. 466.

gressive du poids atomique ; elle n'exprime pas en un mot une fonction continue. Etant une loi chimique, qui a pour point de départ la notion des atomes et des molécules se combinant en proportions multiples, c'est-à-dire d'une manière interrompue et non continuelle, elle s'appuie avant tout sur les formes des combinaisons ; or, ces formes sont peu nombreuses, elles sont arithmétiquement simples et *se répètent* sans présenter des transitions ininterrompues ; c'est pourquoi chaque période ne renferme qu'un nombre défini de termes. Il est impossible qu'entre Mg qui donne $MgCl^2$ et Al qui donne $AlCl^3$ il existe un élément intermédiaire ; il y a nécessairement une solution de continuité, d'après la loi des proportions multiples.

« La loi périodique ne doit donc pas être exprimée à l'aide de figures géométriques qui supposent toujours la continuité, mais par un procédé semblable à celui que l'on emploie dans la théorie des nombres. »

Ainsi le problème de la divisibilité de la matière rejoindrait le problème de la divisibilité des nombres entiers et ce serait la théorie des congruences qui fournirait la mathématique la mieux adoptée à la Chimie. On a cependant cherché une même formule plus susceptible de solidariser l'ensemble des poids atomiques. La matrice proposée par Mendéléeff trouverait ainsi son résumé algébrique et entrerait peut-être plus facilement dans la voie du calcul. Mendéléeff rappelle lui-même les travaux de E. J. Mills (1886). Par la fonction :

$$A = 15n - 15 \times \overline{0,9375^{t}},$$

Mills « tâche d'exprimer toutes les valeurs des poids

atomiques en faisant varier n et t comme des nombres entiers. Par exemple, pour l'oxygène $n = 2$; $t = 1$, de là $A = 15,94$; pour l'antimoine $n = 7, t = 1$, de là $A = 120$ et ainsi de suite; n varie de 1 à 16 et t de 0 à 59 (1) ». Il est effectivement frappant que le simple jeu de deux nombres entiers permette de résumer un ensemble aussi grand de données qui, prises avec les décimales habituelles, apparaissent de prime abord comme entièrement empiriques. Il y a là une première trace de représentation conforme, au sens mathématique du terme, allant du domaine chimique au domaine arithmétique. Après une telle représentation, on était en droit d'espérer la rationalisation complète du problème.

D'ailleurs comme le remarque immédiatement Mendéléeff, c'est par des *fonctions trigonométriques* « qu'il est le plus rationnel de chercher à exprimer la dépendance entre les propriétés des corps simples et leurs poids atomiques, parce que cette dépendance est périodique comme les fonctions des lignes trigonométriques » et il rappelle les travaux de Rydberg (1885). Cependant, comme pour la représentation par courbes, la représentation par fonctions trigonométriques ne rend pas compte du caractère discontinu de la stœchiométrie, et c'est ce caractère qui est le côté le plus important de la question.

En 1888, Tchitchérine présenta une formule qui ne résumait que les poids atomiques des métaux alcalins mais qui avait cet avantage sur celle de Mills qu'elle ne contenait qu'un paramètre. Pour commenter sa formule « Tchitchérine recourt à la formation des atomes aux dépens d'une matière primitive ; il envisage le rapport

(1) MENDÉLÉEFF, *loc. cit.*, t. II, p. 468.

de la masse centrale à la masse périphérique et, en se basant sur des principes de mécanique, il déduit beaucoup de propriétés de l'action mutuelle des parties internes et périphériques de chaque atome ». L'idée d'un rapport entre un noyau et une couche périphérique apparaît comme susceptible de rendre compte d'une périodicité chimique qui serait ainsi fonction d'un certain ordre de spatialisation. Mais l'heure d'une telle construction n'est pas encore venue et Mendéléeff formule l'objection suivante contre l'intuition si suggestive de Tchitchérine : « Cette tentative présente beaucoup de rapprochements intéressants, mais elle admet l'hypothèse de la formation de tous les éléments aux dépens d'une seule et même substance, hypothèse qui n'a actuellement aucun appui réel ou théorique (1) ».

En fait, il pouvait sembler difficile que les phénomènes chimiques étonnamment diversifiés pussent aider à la découverte d'une matière primitive, connue elle-même chimiquement. Il a fallu l'uniformité électrique pour fonder solidement une loi de constitution similaire à la loi de Proust.

Mendéléeff essaie ensuite de pénétrer la cause profonde de la périodicité *qualitative* des éléments. Mais cette périodicité est d'abord fonction d'une ordination préliminaire. C'est là un fait d'une grande généralité sur lequel nous devons attirer l'attention. Prenons pour cela l'exemple d'un mouvement pendulaire ; on étudie son élongation en fonction du temps, et ainsi, d'une manière extrêmement naturelle on appuie l'étude du mouvement sur un axe au développement uniforme.

(1) MENDÉLÉEFF, *loc. cit.*, t. II, p. 469.

Quand il va s'agir de constituer la période chimique nous ne trouverons au contraire comme base que les valences qui ne procèdent que par valeurs entières. On sentira alors tôt ou tard le besoin de trouver un lien continu qui réunirait ces valences. « Expliquer et exprimer la loi périodique, c'est saisir ce qu'est la masse et la gravitation. Je crois que cela est encore prématuré (1). Il est probable, conclut-il, que cette loi réside dans les principes fondamentaux de la mécanique interne des atomes et des molécules ». Ainsi il semble bien qu'à certains moments de sa construction, Mendéléeff se soit rendu compte que la masse est déjà *un effet* et qu'il ne suffisait pas de prendre le poids atomique comme motif de première ordination, mais qu'une variable plus cachée jouerait un jour ce rôle naturel.

Les essais de comparaison des diverses périodes ont été très nombreux. On a cherché surtout à pénétrer la raison de leur proportionnalité. Ainsi « après l'établissement de la loi périodique, Rydberg a remarqué la variation périodique des différences entre les poids atomiques de deux éléments voisins et sa relation avec l'atomicité. A. Bazaroff (1887) a étudié la même question. en prenant non pas les différences arithmétiques des éléments voisins et analogues, mais le rapport de leurs poids atomiques ; cet auteur a remarqué qu'à mesure que les poids atomiques s'acroissent, ce rapport augmentait et diminuait alternativement (2) ».

(1) Mendéléeff, *loc. cit.*, t. II, p. 470.
(2) Mendéléeff, *loc. cit.*, t. II, p. 475.

Est-il besoin d'ajouter que Mendéléeff a eu dès le premier jour la plus absolue confiance en la *réalité* de la loi qu'il avait découverte ? Il ne s'agit pas pour lui d'un simple principe de classement, d'une apparence vague qui doit céder la place quand des recherches positives deviennent possibles. C'est pourquoi nous ne pouvons souscrire à l'opinion d'Ostwald (1). « On vit en même temps, dit Ostwald en parlant de la table de Mendéléeff, qu'il s'agissait moins d'une loi exacte pouvant être exprimée sous une forme déterminée, que d'une règle approchée qui, en raison d'une certaine indétermination, est assez comparable aux classifications de l'histoire naturelle. » Au contraire, pour Mendéléeff, ce qu'il y avait encore d'incertain, de flottant dans l'ordination des corps devait s'éliminer par le progrès des connaissances. La loi plus ou moins approximativement connue préludait à une loi exacte. Autrement dit, ce n'est pas la loi qui aberre mais la connaissance que nous en avons. « Les lois naturelles, dit-il nettement, ne souffrent pas d'exception » et c'est une *loi de la nature* qu'il a mise en évidence ; il s'appuiera sur cette loi avec sécurité pour prédire l'existence de corps nouveaux, mieux pour prévoir leurs propriétés. « Ni de Chancourtois, auquel les Français attribuent la priorité de la découverte de la loi périodique, ni Newlands que citent les Anglais, ni L. Meyer, considéré par les Allemands comme fondateur de la loi périodique, ne se sont hasardés à prédire les *propriétés des* corps non encore découverts, n'ont cherché à modifier les poids atomiques adoptés (*pour les plier au système*) et en général à considérer la loi périodique comme une nouvelle loi de la ma-

(1) OSTWALD, *loc. cit.*, p. 69.

tière reposant sur des bases solides et pouvant embrasser des faits non encore généralisés, comme je l'ai fait dès le début (1) ».

(1) Mendéléeff, *loc. cit.*, t. II, p. 428.

CHAPITRE VI

L'ESSAI DE SYNTHÈSE DE LOTHAR MEYER

La nécessité de l'intuition synthétique s'était imposée assez naturellement à Mendéléeff, qui devait être amené à expliquer l'objet par la classe qui le reçoit, par la place qu'il prend dans un ordre. Cette préoccupation harmonique, on doit la saisir, si enveloppée qu'en soit l'expression, dans cette déclaration (1). « Si les propriétés des atomes sont fonction de leur poids, une multitude de notions plus ou moins enracinées en chimie doivent subir une modification, une transformation dans le sens de cette conclusion. Bien qu'il semble, au premier abord, que les éléments chimiques soient des individualités absolument indépendantes, il faut substituer actuellement à cette notion sur la nature des éléments, celle de la dépendance des propriétés des éléments vis-à-vis de leur masse, c'est-à-dire voir la subordination de l'individualité des éléments au principe général supérieur qui se manifeste dans la gravitation et dans tous les phénomènes physico-mécaniques. Dans ces conditions, plusieurs conclusions chimiques acquièrent un nouveau sens et une nouvelle signification ; des régularités apparaissent là où elles seraient passées

(1) Mendéléeff, *loc. cit.*, t. II, p. 482.

inaperçues. Cela est vrai surtout à l'égard des propriétés chimiques. »

Cette idée de la subordination de l'individualité marque une grande date dans la pensée philosophique. Elle se présente, croyons-nous, comme une substitution d'une étude en extension à l'étude en compréhension. Cette dernière étude était affectée, par principe, d'un facteur obscur, qu'on croyait profond parce qu'il fuyait à toute approche. On va constituer une réalité de cadres, qui jouera un rôle explicite, et on se désintéressera bientôt d'une réalité de fond. Pour mieux faire sentir ce qu'il y a de décisif dans une telle pensée nous devons insister sur cette recherche *d'un principe général de l'individualisation.*

Pendant longtemps, sous l'inspiration de la physique newtonienne, la masse joua le rôle d'un simple coefficient. C'était un facteur obscur et muet, impropre à éclairer et à expliquer d'autres phénomènes purement mécaniques. On prétend alors que la masse peut *individualiser* un objet, mais comme elle ne l'individualise qu'au seul point de vue mécanique, elle fait immédiatement figure de définition déguisée et elle apparaît dans un relativisme essentiel comme une pure relation du dynamique au cinématique. La masse manque de prolixité d'attributs pour faire office de substance. Au surplus son échelle de grandeurs est particulièrement monotone, on ne voit pas comment la masse jouerait dans l'atome un rôle spécial, différent de son rôle macroscopique. Que ce facteur *n'individualise* pas, c'est là une conclusion qu'admettront sans peine les adversaires de l'atomisme, car la masse suit la division avec docilité, elle ne fixe qu'un arrêt momentané et arbitraire de cette division.

Quand la considération des agents physiques est venue apporter des raisons de diversité pour les phénomènes, on a commencé à poser la masse comme indifférente à ces agents. Ce n'était pas tant la matière qui était singulière que les agents eux-mêmes. Nous avons établi ailleurs la facilité avec laquelle on prodiguait les fluides. Nous avons indiqué qu'un instant on avait supposé jusqu'à cinq espèces de caloriques, chargeant ainsi les agents de toutes les tâches de la diversification, la matière étant alors pure réceptivité.

C'est grâce à la chimie que la matière s'est réellement individualisée et cette individualisation n'a fait que s'accentuer avec la révolution lavoisienne car dans la chimie de Lavoisier disparaît toute idée de *communication de qualités* et il s'y substitue l'idée contraire de *conservation des qualités spécifiques.* Lothar Meyer, sur le problème qui nous occupe, a été frappé de ce caractère de l'évolution scientifique (1). « Jusqu'ici, dit-il, on a considéré en physique comme qualités variables, dont dépendaient les phénomènes, d'abord le lieu et le temps puis, suivant les circonstances, la chaleur, la température, l'électricité et quelques autres grandeurs et on les a comme telles introduites dans le calcul. La matière même des corps n'était exprimée par des valeurs numériques dans les équations que comme masse ; sa qualité n'entrait en ligne de compte que parce que, dans les équations différentielles ou de conditions, ces constantes relatives à chaque espèce différente de la matière avaient une autre valeur. *On n'avait pas encore pu considérer*

(1) Lothar Meyer, *Les théories modernes de la chimie et leur application à la mécanique chimique*, trad. 1887, t. I, p. 183.

ces grandeurs dépendant de la nature même des corps comme variables ; ce progrès a été maintenant accompli. On a aussi, il est vrai, tenu compte, dans les phénomènes physiques, de la nature essentielle de la matière, en déterminant les constantes diverses pour les substances les plus variées ; mais cette nature essentielle restait toujours qualitative ; on n'avait pas la possibilité d'introduire dans le calcul, par des qualités numériques, ces variables fondamentales. On a commencé, quoique jusqu'ici cet essai n'ait été fait que d'une manière toute primitive, à les y introduire, en démontrant que *la valeur numérique des poids atomiques est la variable qui sert à déterminer la nature essentielle des corps et les propriétés qui en dépendent.* Le poids atomique est donc une nouvelle variable à introduire dans le calcul, et on ne peut plus considérer les propriétés des corps et les phénomènes physiques comme de simples fonctions du temps, et de l'espace, etc., mais bien aussi comme des fonctions du poids atomique. »

Voilà donc les propriétés physiques fonction d'une variable chimique. Véritable bouleversement de l'intuition comtienne de la complexité ! On objectera peut-être que les poids atomiques sont connus par la simple comparaison des pesées et qu'on revient ainsi, qu'on le veuille ou non, à la primauté du physique et même du mécanique sur le chimique. Mais, comme nous le verrons en détail, l'objection perdra de sa force au fur et à mesure que s'affirmera la conception harmonique des atomes. Si vraiment nous arrivons à déterminer le poids absolu de l'atome (la balance n'apportera à cette expérience qu'une aide très indirecte) il faudra bien dire que *ce poids atomique absolu* est une propriété intime, proprement chimique. Et, encore davantage, si *l'ensemble des poids atomiques* fournit la clef d'une explication des phénomènes physiques, il faudra dire que la racine de la nature physique plonge dans la nature chimique de la matière.

Examinons donc de plus près l'effort de L. Meyer pour déployer les caractères physiques sur les différents états du caractère chimique. base essentielle de la diversité.

Sans doute les relations qui lient les fonctions physiques à la variable chimique vont être d'autant plus difficiles à déterminer qu'il y a plus d'imprécision dans la connaissance de la variable elle-même. Il y a 60 ans, les valeurs de certains poids atomiques étaient affectées d'erreurs relatives dépassant le centième. Au surplus, l'avenir nous montrera qu'on ne tenait pas d'emblée la « véritable variable chimique » mais une fonction sans doute assez voisine, assez parallèle de cette variable.

Bien des questions préalables embarrassent d'ailleurs la perspective fonctionnelle. La plus importante de toutes est évidemment celle-ci : la variable fondamentale est-elle bien en réalité séparable ? Cette variable est-elle bien désignée par delà le relativisme algébrique ?

D'une manière générale, on a souvent montré que l'idée de fonction était plus prudente que l'idée de cause et qu'il y avait souvent un grand intérêt à prendre la liaison de toutes les variables comme primordiale, autrement dit à refuser l'explicitation d'une variable unique au titre de variable indépendante. Ainsi, pour prendre un cas très simple, on dira que la loi de Mariotte relie, sans aucune priorité, la pression et le volume d'un gaz quand on exprime que le produit de ces deux variables reste constant quelles que soient leurs variations réciproques. Et pourtant qui ne voit que la causalité n'est pas entièrement exorcisée et qu'en dépit de tous les artifices algébriques, la pression reste marquée de son signe de variable essentielle. Si l'on garde la température constante, c'est-à-dire si l'on ne complique pas la question en apportant une cause de variation nouvelle, aucune intuition, aucune expérience ne peut nous permettre de former le schéma d'une variation *directe* du volume ; il ne varie que si nous faisons varier la pression. La pression, c'est donc bien ici la variable essentielle, ou tout au moins *notre* variable techniquement inévitable.

Sur le problème qui nous occupe, nous devons donc nous demander si la variable chimique est en réalité isolable vis-à-vis des variables physiques qu'elle conditionne. En fait, on peut se rendre compte que la question s'est posée, avec plus ou moins de clarté, à l'esprit de plusieurs théoriciens de la chimie. Ainsi, à propos de la valence, L. Meyer se demande (1) si elle est « une grandeur constante, une propriété invariable de l'atome, ou une simple manière d'être de l'atome, variant essentiellement avec les circonstances extérieures et déterminées par elles. Il est donc évident que les recherches chimiques auraient fait un grand pas si elles réussissaient à démontrer que la constitution des composés chimiques résulte d'une manière nécessaire d'une capacité invariable de saturation des atomes et des circonstances extérieures sous l'action desquelles ces atomes réagissent entre eux ». Cette capacité *invariable* apparaîtra alors

(1) LOTHER MEYER, *loc. cit.*, t. I, p. 380.

comme nettement spécifique, entièrement attachée à l'atome comme une qualité essentielle.

Certes, la pensée ne garde pas cette netteté ; un instant, il semble que, touché en cela par la timidité positiviste non encore surmontée, Meyer répugne à s'engager franchement sur le terrain du réel et qu'il prétende maintenir une prudente équivalence entre les hypothèses : il s'agirait alors de simples méthodes de travail dont la fécondité traduirait la valeur. Il continue ainsi : « Pour s'engager dans cette voie, il est nécessaire tout d'abord de chercher, en supposant aux atomes une capacité de saturation constante, une valeur chimique invariable, à expliquer par cette hypothèse les régularités que l'expérience nous fait découvrir dans la constitution des composés chimiques. Supposer au contraire, ce qui est tout à fait hypothétique, que la capacité de saturation est variable, n'est pas un moyen d'arriver à un progrès : on n'aurait ce progrès que si on cherchait à donner une théorie expliquant les causes de cette variabilité. »

Quoi qu'il en soit, L. Meyer conclut que c'est l'invariabilité de la valence qui est l'hypothèse la plus heureuse, la pseudo-variabilité des valences dépend alors de conditions *extérieures* à l'atome. On prétend échapper à un relativisme intégral et réserver des propriétés essentielles. On s'appuiera sur un exemple. « La force portative d'un aimant ne se mesure pas d'après le poids quelconque qu'il peut porter à un moment donné, mais bien d'après le poids maximum qu'il peut porter ; de même la capacité de saturation d'un atome n'est pas déterminée par le nombre des autres atomes qu'il peut relier ensemble dans une combinaison quelconque, mais bien seulement par le nombre maximum des atomes monovalents qu'il peut relier. D'après cela, le mercure ne prend dans le calomel qu'un atome de chlore, non pas parce que sa nature n'est plus la même que dans le sublimé, mais tout simplement parce qu'il ne peut lier plus d'atomes qu'on ne lui en offre. Cette manière de voir est certainement la plus simple. Supposer que, si la quantité saturée varie, la capacité de saturation varie aussi, est au moins superflu. » (1).

Si l'on généralise cette intuition on peut donc admettre que les *qualités chimiques* sont des qualités sur lesquelles l'extérieur a peu ou pas d'action. Ce sont elles qui marqueront la matière de traits si profondément gravés que le jeu des variables physiques deviendra secondaire. Il faut donc bien décrire la matière en fonction des variables chimiques et l'on peut espérer trouver, parmi ces variables chimiques, une variable qui soit vraiment primordiable.

Si maintenant nous prenons différents caractères physiques comme la malléabilité, la fusion..., nous admettrons facilement que leur explication par voie mécanique est insuffisante et qu'en particulier une telle explication ne peut rendre compte des variations des coefficients qui caractérisent le phénomène envisagé quand on passe d'un corps à un autre. Il convient donc de rechercher si cette variation est due au hasard ou bien si une règle ne pourrait pas être rendue visible, règle qui nous donnerait l'évolution du caractère physique en fonction d'une variable chimique essentielle.

(1) L. Meyer, *loc. cit.*, t. I, p. 385.

Mendéléeff avait surtout insisté sur la périodicité de la valence qui entraînait une périodicité relative pour toutes les combinaisons que le corps considéré pouvait former avec d'autres. Il avait touché de bien près la véritable causalité de la périodicité. Sans cette réussite profonde, il eût été peu vraisemblable que les phénomènes physiques fussent ordonnés sur des périodes correspondantes. Nous ne devons pas oublier en effet que l'ordre et les périodes des éléments condensent les caractères chimiques de poids atomique et de valence et résument par là même toutes les correspondances et toutes les combinaisons de la chimie. Cet ordre, qui est dans son essence uniquement chimique, les courbes de L. Meyer vont nous prouver qu'il est propre à coordonner des propriétés physiques et à classer des coefficients.

Or la moindre attention peut faire voir que le classement que nous exposons *résiste à la réciprocité.* S'il eût fallu prendre comme variable indépendante, par exemple le coefficient de malléabilité on n'eût trouvé aucune périodicité. C'est bien la preuve qu'aidé par le classement préliminaire de Mendéléeff on a effectivement simplifié le problème. Il ne s'agit plus que d'un simple rapport de voisinage qui montre les diverses familles reproduisant un même rythme. Au contraire, une comparaison générale se développerait dans une atmosphère plus rare, plus subtile. Comme d'une part la loi ne peut apparaître qu'au sein des familles d'éléments chimiques et que, d'autre part, les propriétés physiques sont insuffisantes pour dessiner les familles chimiques, le caractère primordial de la classification chimique trouve ici une raison méthodologique. En résumé, la matière apparaîtra périodiquement ordonnée dans tous ses phénomènes à condition *qu'on dispose d'abord du cadre périodique des éléments chimiques*. Si, par la suite, ainsi que nous le verrons, la suprématie revient au caractère physique, grâce au corpuscule électrique, il n'en est pas moins vrai que cette explication électrique laisse subsister *l'ordination chimique comme l'intermédiaire indispensable* pour une explication du phénomène de la physique macroscopique. D'ailleurs il restera toujours que cette ordination chimique a marqué fortement la science d'une époque et qu'elle est un stade auquel il faudra toujours revenir pour juger de l'évolution scientifique.

Analysons donc l'effort de coordination de L. Meyer. Cette coordination comporte deux temps. D'abord on essaie de dresser la courbe qui représentera la variation d'une quantité en portant cette quantité en ordonnée tandis que les poids atomiques sont portés en abscisse. Ensuite on s'efforcera de trouver parmi les propriétés physiques, une propriété aussi près que possible de la réalité atomique et c'est sur la courbe obtenue qu'on essaiera de condenser l'ensemble des propriétés physiques.

Ainsi, pour ne donner qu'un exemple, L. Meyer trace la courbe des températures absolues du point de fusion des corps simples en fonction de leurs poids atomiques. Immédiatement les périodes apparaissent. Les deux premières, celles qui sont relatives aux éléments légers sont très nettes ; les deux suivantes sont un peu moins régulières et plus élargies, la cinquième qui solidarise les éléments à poids atomiques élevés est à peine ébauchée. Qu'on considère combien difficiles et hétérogènes sont les expériences sur la fusion des corps simples, qu'on réfléchisse aussi combien la fusion est un caractère éloigné de l'essence des atomes puisqu'une simple coopération dans un mélange, tel le mélange Darcet, entraîne des anomalies inexplicables intuitivement, et l'on comprendra tout le poids que cette coordination pour ainsi dire immédiate apportait à la thèse des périodes.

Comme le point de fusion est d'une phénoménologie évidemment superficielle il faut donc en venir au deuxième temps de la coordination et essayer de dessiner la périodicité dans sa racine. Il faut choisir un caractère atomique marqué. Comme l'atome est pour nous un poids, c'est près du poids qu'il faut diriger la recherche. Proche du poids, il y a le volume. Peut-on dire que l'atome a un volume ? Immédiatement toutes les antinomies réapparaissent. Couturat, par exemple (1) résumera l'opinion de Hannequin sur ce point : « La seule raison pour laquelle M. Hannequin croit l'étendue nécessaire à l'atome est celle-ci : il faut qu'il soit volume pour être masse. » Et Couturat répond : « Il n'y a aucune nécessité, *a priori*, pour que la masse occupe une étendue quelconque, et il n'y a aucune difficulté à concevoir des points matériels comme doués d'une masse finie. » Il y aurait bien des objections à faire à cette objection. Il faudrait demander si *toute nécessité est a priori* et si l'on n'est pas conduit avec une théorie toute particulière de la nécessité à refuser toujours et par système la nécessité à l'expérience. Au surplus, il n'y a peut être aucune difficulté à concevoir des points matériels comme doués d'une masse finie, mais c'est à la condition qu'on

(1) *Revue de Métaphysique et de Morale*, 1897, p. 106.

se soit accordé le point matériel, c'est-à-dire ce qui est en cause. Le concept de point matériel est au confluent de la géométrie et de la physique ; dès qu'on l'accepte comme réalité, on bénéficie de toutes les possibilités de la déduction géométrique jointes aux instructions de l'expérience. Mais alors la synthèse n'est pas faite, elle est acceptée. Si nous ajoutons qu'elle peut être acceptée comme un postulat, voilà le terrain préparé pour une nécessité *a posteriori* qui échappe à l'objection métaphysique de Couturat.

Mais des objections de cette nature sont en somme fort anciennes, elles n'ont arrêté les savants ni dans leurs expériences, ni même dans leurs efforts de définition. L. Meyer s'exprime ainsi (1) : « Les savants du XVIIe et de la première moitié du XVIIIe siècle qui se sont occupés de physique théorique ont généralement fondé leurs méditations et leurs théories sur la supposition de masses de matière très petites, mais occupant pourtant un volume sensible. Plus tard, on a souvent soutenu çà et là, avec plus ou moins de netteté dans les termes, que les atomes étaient infiniment petits, ou, pour parler d'une manière plus précise, qu'ils étaient complètement dépourvus d'étendue. On les considérait uniquement comme des centres de forces, c'est-à-dire des points vers lesquels étaient dirigés des mouvements ou des forces. » L. Meyer, est-il besoin de le dire, rejette cette dernière conception. Pour lui, l'atome n'est pas un concept, pas même un concept scientifique, mais une chose. Le nom d'atome importe peu ; contredire à l'étymologie, ce n'est pas contredire à la raison. La

(1) L. MEYER, *loc. cit.*, t. I, p. 130.

division matérielle est une expérience et non pas une opération mathématique. Or, toute expérience est relative à une méthode, il n'y a pas d'expérience absolue. Il n'y a pas de contradiction à supposer que l'atome, c'est-à-dire l'indivisible à l'égard d'une expérience déterminée soit divisible dans une expérience d'une espèce différente. L'atomisme est une figure de la relativité des expériences.

Il est donc important de bien marquer la filiation expérimentale qui a préparé la définition du volume atomique. Il est d'ailleurs frappant que cette notion apparaisse dès le début comme solidaire du système total des poids atomiques. « L'une des rares propriétés des corps qui jusqu'ici aient été mesurées avec précision, dit L. Meyer (1), est leur densité à l'état solide ; et celle-ci se montre clairement fonction périodique du poids atomique ; elle diminue et augmente régulièrement à mesure que le poids atomique augmente. La dépendance dans laquelle se trouve la densité par rapport aux poids atomiques se manifeste surtout quand on considère non pas la densité elle-même, mais le rapport du poids atomique à la densité ; en d'autres termes, si on considère non pas la masse qui est contenue dans l'unité de volume, mais le volume occupé par la masse des atomes. Ce volume, que nous appellerons le *volume atomique*, ne peut encore être mesuré d'une manière absolue, mais on peut le rapporter à une unité relative, en comparant l'espace occupé par des masses des divers éléments proportionnelles à leurs poids atomiques. »

Il faut remarquer que pour établir les poids atomiques

(1) L. Meyer, *loc. cit.*, t. I, p. 143.

on se sert parfois de la densité, mais il s'agit alors de la densité du corps à *l'état gazeux* qui permet de passer aux poids atomiques par l'intermédiaire de la loi d'Avogadro. Il n'y a donc aucun cercle vicieux à examiner maintenant la variation de la densité à l'état solide avec les poids atomiques. Pour le dire en passant, il est remarquable que le lien entre la densité des éléments pris sous forme gazeuse et la densité des mêmes éléments pris sous forme solide ne se traduise pas par un simple parallélisme ou tout au plus par une simple proportionnalité. D'une densité à l'autre, c'est finalement la périodicité qui intervient ; preuve nouvelle du caractère éminemment dérivé des propriétés physiques.

Voici donc la notion de volume atomique établie par le rapport du poids atomique (pouvoir de combinaison chimique) à la densité solide ; la notion tout entière livrée par la phénoménologie va désormais jouer le rôle de variable indépendante et c'est la courbe des volumes atomiques en fonction des poids atomiques qui servira maintenant de base de référence. L. Meyer y rapporte la fusibilité et la volatilité. Il trouve ainsi que « tous les éléments gazeux ou facilement fusibles, liquides au dessous du rouge, se trouvent sur les branches ascendantes de la courbe et aux points maximums de la courbe des volumes ; tous les éléments difficilement fusibles et infusibles avec nos procédés actuels sont sur les branches descendantes et aux points minimums ». Autre caractère « la malléabilité ne se trouve que dans les éléments qui sont placés à un minimum ou à un maximum de la courbe ou qui les suivent immédiatement » (1). Ces corps malléables cristallisent d'après

(1) L. MEYER, *loc. cit.*, t. I, p. 151 et 149.

L. Meyer, régulièrement, au contraire, les corps situés sur des branches descendantes, volatils, plus ou moins cassants, ne cristallisent pas régulièrement. La dilatation, la réfraction de la lumière, la propriété de donner des composés colorés suivent de même, avec plus ou moins de netteté, le rythme de la loi des volumes atomiques.

Qu'une propriété en entraîne une autre, il n'y a rien là qui puisse nous étonner : nous sommes accoutumés à expérimenter en suivant la solidarité des qualités impliquées dans un même phénomène. La représentation de L. Meyer a cependant l'avantage de relier systématiquement et toujours *à partir de la même base* des qualités qui avaient pu sembler d'abord disparates ou n'apparaître que dans une proportionnalité sans terme distingué, dans la parfaite réciprocité de la phénoménologie. Par exemple (1) : « La conductibilité pour la chaleur et l'électricité est intimement liée avec la ductilité et la malléabilité des éléments ; comme celles-ci, c'est une fonction périodique des poids atomiques, dont la périodicité coïncide avec celle des volumes atomiques, mais de telle sorte qu'à partir du potassium deux périodes de malléabilité coïncident avec une période de conductibilité. »

L'hétérogénéité des qualités réunies dans un même rythme peut être telle qu'il y a peu d'espérance de trouver une intuition qui les concilie. Mendéléeff signale qu'on a été amené à étudier « une relation entre l'action physiologique des sels et des autres composés et la place qu'occupent dans le système périodique les élé-

(1) L. Meyer, *loc. cit.*, t. I, p. 174.

ments qu'ils renferment (1) ». Zwaardemaker dit que « l'odeur elle-même paraît être une fonction périodique des poids atomiques... Dans des combinaisons odorantes il n'y a d'autres éléments que ceux des cinquième, sixième et septième groupes de Mendéléeff, sans parler naturellement des éléments H et C, qui ne manquent nulle part » (2).

Ainsi peu à peu nous voyons les périodes se constituer et s'enrichir comme des réalités propres à expliquer la périodicité d'abord toute phénoménologique. La période apparaissant dans les domaines les plus hétéroclites devient le lien vraiment naturel de toutes les propriétés scientifiques. En préparant le parallélisme des fonctions, la période finit par suggérer l'unité de la variable. Nous aurons par la suite à retracer l'histoire des recherches qui ont amené à isoler et à désigner enfin cette variable profonde.

Cette solidarité des caractères spécifiques tant physiques que chimiques est encore, croyons-nous, plus complète que la convergence de toutes les qualités sur une même et unique substance. Elle est impliquée dans une espèce de solidarité de voisinage que nous voudrions maintenant faire ressortir.

Döbereiner (3) avait signalé déjà des triades de corps simples semblables, bâties entièrement en considérant les poids atomiques. L'idée constitutive de la triade était que l'élément central avait approximativement

(1) Mendéléeff, *loc. cit.*, t. II, p. 482.
(2) Zwaardemaker, *l'Odorat*, trad., p. 225.
(3) Pogg., *Ann.*, 1829, 15, p. 301.

pour poids atomique une moyenne arithmétique des poids des deux extrêmes.

Mais les travaux de Döbereiner ne pouvaient recevoir l'extension dont ils étaient susceptibles, car Döbereiner travaillait en s'appuyant sur les équivalents chimiques. De ce fait, l'ordre des éléments recevait une perturbation qui troublait toutes les recherches. En 1851, indépendamment l'un de l'autre, Pettenkofer et Dumas envisagèrent de semblables rapprochements. Pettenkofer essaya de trouver des relations numériques entières pour mesurer la différence des équivalents. C'est ainsi qu'il remarque que la différence des équivalents du lithium et du sodium est 16,46 soit approximativement 2×8. De même du sodium au potassium on trouve 16,14 soit encore 2×8. Les différences 1×8, 3×8... apparaissent entre d'autres éléments. Mais l'obstacle reste infranchissable : toute relation pondérale entre les éléments restera cachée tant qu'on ne partira pas des *poids atomiques*.

C'est encore une fois l'encadrement de Mendéléeff qui devait fournir, pour ces études de voisinage, le guide le plus sûr. En effet, les propriétés d'un élément apparaissent, en ce qui concerne les paramètres qui fixent les valeurs de ces propriétés, comme des moyennes des valeurs correspondant aux éléments voisins dans le groupe et dans la série. Il y a en effet deux directions de voisinage, ce qui donne quatre corps voisins que Mendéléeff appelle les « analogues chimiques ». Ainsi considérons les tableaux suivants qui représentent les poids atomiques, les volumes atomiques, les densités solides de différents corps pris dans l'ordre même tant vertical qu'horizontal que résume le tableau :

Poids atomiques			Volumes atomiques			Densités solides		
	S 31,98			S 15,7			S 2,04	
As 74,9	Se 78,87	Br 79,76	As 13,2	Se 17,2	Br 26,9	As 5,67	Se 4,6	Br 2,97
	Te 126,3			Te 20,2			Te 6,25	

Nous pouvons remarquer que la somme des quatre nombres qui sont aux quatre branches de la croix est égale approximativement à quatre fois le nombre qui est au centre de la croix. Il en est de même pour d'autres propriétés. Cette solidarité en quelque sorte extrinsèque devait frapper le chimiste accoutumé à la nette individualité des diverses substances chimiques. Toute l'instruction que donne le laboratoire conduisait tout au plus à suivre le guide des analogies pour en tirer des prétextes d'expériences. Mais on ne pouvait guère espérer que l'étude quantitative de diverses substances pouvait donner des renseignements quantitatifs sur une autre substance, posée comme indépendante. Il y a là une source d'inférence que la chimie expérimentale ne nous permettait guère de déceler. Une véritable philotypie nous conduit à quantifier les analogies, à déterminer les coefficients numériques relatifs à une substance par les coefficients des substances voisines.

Plus philosophiquement parlant, on peut dire que les attributs paraissent se rattacher aux substances dans deux directions différentes ; d'abord les différents attributs sont en quelque sorte placés les uns sur les autres, en profondeur, solidaires d'une même substance ; puis pour un seul et même attribut une filiation est visible entre les différents états de cet attribut affectant les diverses substances. Les attributs prennent dans cette voie une solidarité qui relie les substances entre elles.

Il ne s'agit pas dans ce second cas, à proprement parler, d'une *extension* ; car l'extension ordinaire, c'est une simple répétition. Il s'agit ici d'une véritable loi, sans doute plus ou moins claire, mais suffisante pour quantifier une extension qui s'éclaircit par son progrès même. On n'a pas besoin de trouver pour prévoir. Alors que l'extension ordinaire est toujours *a posteriori*, ici le simple classement des poids atomiques prépare une attribution extensive des autres propriétés chimiques. Le tableau de Mendéléeff n'est pas simplement un barême de moyennes ; c'est finalement plus que le résumé d'une classification, c'est le schéma d'une méthode.

Parfois sans doute le voisinage n'est pas aussi commodément quantifié que dans les exemples que nous avons cités. Il est à présumer que le jeu des moyennes arithmétiques est alors insuffisant pour dégager la fonctionnalité qui lie les différents éléments pris dans un ordre qui fait figure d'ordre essentiel. Mais l'existence des *fonctions de voisinage* paraît néanmoins indéniable. En lisant L. Meyer, on se défend mal contre une impression qui pousse à croire au réalisme platonicien de l'ordre. Et la réalité de l'ordre paraît d'autant plus définitive qu'il s'agit de l'*ordre relatif* des éléments. Dans la phénoménologie de L. Meyer, ce n'est pas la vertu d'un élément profond qui produit un ordre absolu, c'est nettement *l'ordre relatif* des éléments qui décide de leurs propriétés individuelles. Par exemple (1) : « On peut réunir toutes les relations indiquées plus haut entre les poids atomiques, les volumes atomiques, la fusibilité et la volatilité dans la loi suivante : Tout élément dont le volume atomique est plus grand que celui de l'élément qui le précède immédiatement, avec un plus faible poids atomique, est facilement fusible et volatil ; ses molécules sont faciles à séparer les unes des autres. Réciproquement, il est difficile de fondre et de volatiliser tout élément dont le volume atomique est plus petit ou tout au moins n'est pas plus grand que celui de l'élément qui le précède immédiatement avec un moindre poids atomique. Par suite, tous les éléments dont le volume atomique diminuerait s'il était possible de les amener, en diminuant leur poids atomique, à se confondre avec l'élément immédiatement précédent, sont facilement fusibles et volatils. Au contraire, tous les éléments dont le volume atomique augmenterait si on les amenait, par la diminution de leur poids atomique, à se confondre avec l'élément qui les précède immédiatement dans la série des poids atomiques, sont difficilement fusibles et volatils. »

Qu'on comprenne bien qu'il ne s'agit pas ici d'une comparaison *directe* entre deux volumes atomiques d'où surgirait une inférence au sujet de deux autres propriétés quelconques (fusibilité, volatilité, ductilité) auquel cas nous serions dans la fonctionnalité commune sur laquelle il n'y a aucune raison d'insister puisque

(1) L. Meyer, *loc. cit.*, t. I, p. 158.

nous la trouvons dans l'analyse de la causalité physique habituelle. Non, la situation est tout autre : l'originalité de la présente méthode consiste en ce que l'on ne compare les volumes atomiques *qu'après avoir fixé l'ordre des éléments*. C'est cet ordre donné par les poids atomiques qui sert de domaine préalable pour l'examen des volumes atomiques. Autrement dit, on part d'un domaine ordonné, on s'appuie sur une *chimie ordinale* ; c'est cette chimie ordinale qui conditionne l'examen d'abord ordinal, puis quantitatif des qualités. Il y a corrélation quantitative, mais cette corrélation n'est pas directe, elle apparaît seulement par l'intermédiaire de l'ordination fondamentale des éléments. En fait, les variations des qualités sont indiquées par L. Meyer sur la courbe fondamentale qui marque la périodicité. Ces variations perdraient toute leur signification si l'on prenait le volume atomique comme variable effective, comme paramètre monotone, ainsi qu'on serait tenté de le faire après une lecture superficielle de la loi de Meyer rappelée un peu plus haut. Il faut d'abord poser la périodicité des volumes atomiques et il faut faire jouer un rôle primordial à cette périodicité fondamentale pour que s'organisent et s'éclairent toutes les périodicités dérivées. Autrement dit, les lois portées par la courbe des volumes atomiques n'atteignent la réalité que si l'on admet d'abord le réalisme de l'ordre établi par Mendéléeff. Cet ordre, on le saisit d'ailleurs dans sa contexture la plus intime puisque c'est surtout le voisinage qui compte et non plus simplement la place dans un ensemble général. Il y a une sorte d'inflexion qualitative qui apparaît dans une étude détaillée des éléments bien ordonnés. L'avenir a consacré l'intuition toute phénoménologique de L. Meyer et lui a trouvé des bases dans la réalité. « D'une façon générale, conclut sur ce point M. Sommerfeld on peut dire que la position de l'élément à l'intérieur de sa période le caractérise mieux que sa position dans le système périodique. »

CHAPITRE VII

LA GENÈSE DES ÉLÉMENTS D'APRÈS CROOKES

Ainsi en suivant le développement de la classification, nous sommes passés du pluralisme paresseux qui acceptait comme des individualités sans liaison tous les éléments isolés par le laboratoire à un pluralisme en quelque sorte coordonné. Mais cette coordination rendue pour ainsi dire visible par les courbes de L. Meyer garde un sens entièrement expérimental. Aucune intuition, aucune théorie ne la soutient, jusqu'à ce moment de l'histoire scientifique où nous avons conduit le problème. La coordination est d'ailleurs inachevée, puisque le nombre et la séparation des octaves demeurent inexpliqués.

Pourtant on n'entre pas en vain dans la voie de l'unification du divers, un pluralisme qui accepte une liaison entre ses éléments — cette liaison fût-elle indirecte et externe comme une simple méthode de repère — est compromis dans son principe. Il ne retrouve plus la clarté nette et courte de sa philosophie ; puisqu'il y a un lien, nous devons chercher la cause de cette liaison. Ce qui était accepté comme un fait, comme une réalité, passe au rang d'un simple aspect phénoménologique. On pose le problème de la substance sur un plan nouveau, plus profond.

Effectivement, on n'est pas resté sur le terrain positiviste de Mendéléeff et de L. Meyer et l'on a tenté rapidement de rendre compte de la similitude que manifestaient les familles d'éléments chimiques. On pouvait espérer trouver la solution dans deux voies différentes : ou bien l'on décrirait une infra-structure qui permettrait d'expliquer ensuite la construction entière en montrant la solidarité de ses pièces ; ou bien l'on arriverait à présenter la genèse des éléments chimiques, ce qui livrerait du même coup toutes les énigmes du monde matériel et assurerait son unité.

C'est à cette dernière tâche — la plus ambitieuse — qu'on consacra les premiers efforts ; ou, du moins, on ne s'arrêta guère à déterminer le dessin interne de l'atome ce qui, par la suite, semblera le problème indispensable. Cependant, on ne pouvait plus, comme aux beaux jours de l'atomisme philosophique, se contenter de postuler la simplicité des atomes. Une nécessaire complexité découlait presque immédiatement des diverses similitudes qualitatives et quantitatives présentées par les différents atomes. Comme M. Sommerfeld le dira plus tard : « Un coup d'œil jeté sur le système périodique nous conduit à la loi générale... d'après laquelle l'enchaînement régulier existant entre les différents éléments ne les rend pas étrangers entre eux, mais très probablement de constitution semblable au moyen de mêmes unités. » (1) L'espèce d'équilibre entre la diversité et l'harmonie qu'illustraient les similitudes phénoménologiques obligeait donc, presque dès le principe, à postuler, sinon à étudier, la complexité

(1) Sommerfeld, *loc. cit.*, t. I, p. 75.

interne de l'atome. Seul un système d'atomes complexes pouvait recevoir une coordination génétique.

En fait, comme préliminaire à la description de la genèse chimique, Crookes revient sur le caractère provisoire de la définition de l'élément. Il rappelle la conviction nettement *a priori* d'Herbert Spencer pour qui « les atomes chimiques proviennent des atomes véritables ou physiques par un procédé d'évolution, dans des conditions que la Chimie n'a pas encore pu reproduire ». On pose ainsi le caractère phénoménologique de la chimie à l'égard d'une physique qui serait plus proche de la réalité profonde.

Crookes montre ensuite que, dans les recherches sur les terres rares, on a réussi à multiplier les éléments provisoires, véritables intermédiaires propres à dessiner la trace de l'évolution. « Nordenskiöld, dit-il, a pris le mélange brut d'yttria, d'erbia, d'ytterbia, etc., précipité des minéraux de ces terres qu'il appelle, pour abréger, la gadolinie ; il trouve que cette gadolinie, bien qu'évidemment complexe, a toujours un poids atomique constant, quel que soit le minéral dont on l'ait extrait ; ou que, pour employer les termes mêmes du professeur Nordenskiöld, l'oxyde de gadolinium, bien qu'il ne soit pas l'oxyde d'un corps simple, mais un mélange de trois oxydes isomorphes (même lorsqu'on le tire de minéraux trouvés dans des localités très éloignées les unes des autres) possède un poids atomique constant. Comme le remarque avec raison le professeur Nordenskiöld nous sommes donc en présence d'un fait entièrement nouveau en Chimie. Pour la première fois, nous sommes mis en présence de ce fait que trois substances isomorphes, que les chimistes sont encore obligés de considérer comme des éléments, se présentent, dans la nature, non seulement toujours ensemble, mais dans les mêmes proportions (1). » Ce n'est d'ailleurs pas là un fait exceptionnel. Crookes cite encore la décomposition du didyme en néodymium et praséodymium obtenue par Auer de Welsbach.

On objectera sans doute que découvrir de toutes pièces des éléments nouveaux, ou prouver la complexité réelle d'un corps considéré jusque là comme simple ne ruinent pas l'idée d'élément. Mais cette conclusion dépend de la nature de la preuve apportée. Ici, on a transcendé en quelque sorte la notion d'élément provisoire tel qu'il est postulé dans la chimie positiviste du siècle dernier. Cette notion, tout entière appuyée sur la constance des proportions dans les combinaisons chimiques, se trouvait en effet subitement bouleversée par les nouvelles études spectroscopiques de Crookes. Il ne s'agit pas alors de la rectification d'une expérience incorrecte. Ce qui vient d'être mis en échec, c'est le critérium même du caractère élémentaire. Par conséquent, nous devons conclure en ces termes : Il y a peut-être des éléments, mais la preuve que nous sommes accoutumés à en fournir est faillible et insuffisante. L'élément chimique, défini dans la voie daltonienne ne représente plus qu'un arrêt de l'analyse tout à fait solidaire du point de vue choisi.

Comment alors expliquer génétiquement que des corps en somme différents aient pu être englobés dans un même élément chimique, au point qu'ils maintiennent leur solidarité malgré les essais d'analyse chimique

(1) Crookes, *La Genèse des éléments*, 1887, trad., p. 24.

les plus divers ? N'est-ce point la preuve que leur individualité profonde n'a pas une action chimique décisive ? On est donc conduit à chercher la raison dominante de la formation des éléments chimiques ordinaires dans des conditions externes, conditions qui pourront d'ailleurs, en se répétant, fournir autant de causes de similitude. Cela expliquerait peut-être que, touchant dans nos expériences la réalité atomique par des voies nécessairement externes, nous n'arrivions pas à triompher de cette similitude originelle. Seul, un « démon trieur » capable de travailler plus près des forces intra-atomiques parviendra à saisir le caractère individuel de l'atome.

C'est ainsi que Crookes suppose une matière originelle, le « protyle » qui formera les atomes par agglutination progressive. Cette agglutination va se faire en fonction de quelques circonstances générales qui inscriront leur évolution à grand rythme sur la matière qu'elles conditionnent. Il fallait en effet expliquer une périodicité. Cette périodicité déjà apparente dans le tableau de Mendéléeff avait reçu une illustration encore plus claire dans la sinusoïde amortie de Reynolds que Crookes prend comme guide de ses hypothèses. Or une courbe ondulée réunit deux variables de types très différents : une variable monotone et une variable oscillante. Pour expliquer la constitution des divers atomes il faut donc trouver deux causes qui ont ces allures distinctes. Crookes ne va pas loin pour cela. Il demande que l'on se figure (1) « l'action de deux forces agissant sur le protyle primitif, l'une étant le *temps*, accompagné par un

(1) Crookes, *Eléments et Méta-éléments*, trad., p. 29.

abaissement de température ; l'autre, oscillant, comme un pendule puissant, ayant des périodes de déclin et d'élévation, de repos et d'activité, intimement liée à la matière pondérable, essence ou source d'énergie que nous appelons *électricité* ».

Il est remarquable que le temps ait un rôle aussi fondamental dans la genèse imaginée par Crookes, fût-ce par l'intermédiaire d'un refroidissement plus ou moins métaphorique. C'est sans doute que la doctrine de l'évolution qui triomphe à cette époque dans tous les domaines doit, dans l'esprit de Crookes, marquer la Nature tout entière. Il sait que son esquisse est grossière, mais il a confiance que la Chimie trouvera son Darwin. Or, la variable temporelle peut bien à juste titre être comptée comme une « force » de l'adaptation. Dans ces conditions, les éléments bien différenciés sont ceux qui ont bénéficié de délais importants ; ils sont la marque d'une nature en équilibre (1). « Plus est longue la durée du procédé de refroidissement pendant lequel le protyle se concentre en atomes, plus les éléments qui en résultent sont nettement définis, tandis que, plus le refroidissement sera rapide et irrégulier, plus les corps résultants se fondront les uns dans les autres par d'imperceptibles degrés. Nous pouvons ainsi concevoir que la succession des événements qui donna naissance aux groupes tels que ceux du platine, de l'osmium et de l'iridium, — du palladium, du ruthénium et du rodium — du fer, du nickel et du cobalt, — aurait pu ne produire qu'un seul élément dans chacun de ces trois groupes, si leur procédé de refroidissement s'était

(1) Crookes, *La Genèse des éléments*, p. 39.

prolongé davantage ; et, réciproquement, si le refroidissement avait été beaucoup plus rapide, on aurait vu naître des éléments encore plus identiques les uns avec les autres que le nickel et le cobalt. C'est ainsi qu'ont pu se produire les éléments si intimement liés du cérium, de l'yttrium et des groupes similaires. En fait nous pouvons considérer la collection des minéraux de la classe de la samarkite et de la gadolinite comme un magasin cosmique où l'on aurait rassemblé les éléments arrêtés dans leur développement, les anneaux manquant d'un darwinisme inorganique. »

Certes, l'intuition est bien courte ; elle laisse bien des choses dans l'ombre. Comment concilier, avec la discontinuité des substances chimiques, ce qu'il y a de nécessairement continu dans la cause interne de l'évolution qui produirait ces substances ? Car telle est l'énigme persistante qui embarrasse tout évolutionnisme. Ici, comme ailleurs, il y a une question qu'on ne peut éluder ; Crookes l'a rencontrée : « Comment, dit-il, le protyle s'est-il converti non seulement en une espèce de matière mais en plusieurs ? » et il répond par une autre question où s'avère l'antinomie de la puissance et de l'acte. « Si nous reconnaissons que le protyle renfermait en lui-même la potentialité de tous les poids atomiques, comment ces potentialités sont-elles devenues actuelles ? » (1).

La genèse proposée par Crookes nous paraît s'appuyer sur des variables qui fuient l'expérience et dont on ne voit pas le lien : c'est d'abord un « temps » auquel on attribue une action physique aussi mal définie que

(1) Crookes, *loc. cit.*, p. 34.

gratuite ; c'est ensuite « l'électricité » qui n'intervient, dans le schéma de Reynolds, qu'en raison de son caractère dualistique. Comme la polarité électrique est la plus nette de toutes, on la prend non seulement comme exemple mais comme raison de rythme trouvé dans la phénoménologie chimique. La grande oscillation cosmogénique se présente facilement, aussi bien dans son développement que dans ses pôles, comme une simple paraphrase du caractère périodique des éléments chimiques. On ne tient pas les variables créatrices non plus que la liaison génétique des substances.

Sans doute ce n'est pas un seul échec qui peut condamner l'ambition de tracer l'histoire de la matière. Cependant s'il en était le lieu, nous devrions nous demander si l'idée de genèse qui nous a semblé éminemment explicative ne part pas de postulats tacites sur lesquels il faudrait faire porter une discussion serrée. Entre autres, on semble admettre comme allant de soi que le passé est le règne du simple, autrement dit que la facilité de penser l'homogène entraîne la primitivité. Il y a pourtant deux voies réciproques qui, pour l'explication positive, restent équivalentes : nous n'avons nulle raison de préférer la composition à la décomposition. Autrement dit, pour un chimiste de laboratoire, ce que le temps fait, le temps peut le défaire : positivement parlant, le sens du temps est déjà une métaphore, comme le sens du courant électrique avant la découverte de l'électron.

Finalement l'ambitieuse genèse n'a de valeur, dans son principe même, qu'à travers un postulat sur le cours du temps. Ce ne sera d'ailleurs pas un des caractères les moins féconds de l'intuition de l'espace-temps de

Minkowski que d'avoir restitué une mobilité algébrique à la ligne du temps. Devant le tableau de Mendéléeff nous ne sommes pas sûrs d'avoir affaire à une généalogie puisque nous n'avons nul moyen de savoir dans quelle direction le temps parcourt lignes et colonnes. Pris dans sa progression arithmétique des éléments légers, le tableau ne traduit peut-être que l'histoire d'une pensée mathématique où le fondamental fait fonction d'antériorité.

Berthelot après avoir indiqué avec un certain scepticisme les essais de classification des corps simples ajoute (1) : Il n'est pas nécessaire de concevoir les atomes des divers corps simples comme des états différents de condensation d'une matière originelle. « On peut tout aussi bien imaginer que de tels édifices offrent, les uns par rapport aux autres, des relations génératrices d'un autre ordre : telles, par exemple, que les relations existant entre les symboles géométriques des diverses racines d'une équation, ou plus généralement, entre les valeurs multiples d'une même fonction, définie par l'analyse mathématique. La matière fondamentale représenterait alors la fonction génératrice, et les corps simples en seraient les valeurs déterminées. » L'intuition mathématique de Berthelot reste sans doute bien vague. Il n'en est pas moins vrai qu'elle marque le souci de dépasser la pensée simplement arithmétique où la condensation matérielle s'exprime par le moyen d'une seule addition. L'ordre des substances est impliqué dans une mathématique difficile. Pour la découvrir, la science devra replacer sans doute toutes ces pensées génétiques sur de nouvelles bases.

(1) Berthelot, *Les Origines de l'alchimie*, p. 316.

C'est donc par de tout autres voies que nous devrons essayer, dans les chapitres suivants, de saisir et de comprendre l'harmonie matérielle que le classement de Mendéléeff nous fait prévoir. D'ailleurs, il n'y a aucun autre moyen d'éclaircir une description empirique que de sous-tendre sous l'ensemble des faits un système d'idées où l'esprit résume tous les repères de la description. Le système génétique essayé par Crookes était manifestement prématuré ; il fallait d'abord trouver une coordination en quelque sorte rationnelle qui pût donner une raison de toutes les particularités de la classification. Il ne suffisait pas de postuler la périodicité de la formation pour expliquer la périodicité des propriétés. Les deux problèmes ne sont pas nécessairement liés. Il y avait au moins un intermédiaire qu'on devait établir, c'est la périodicité de la constitution. Or, de toute évidence, on se trouvait là devant un obstacle qui pouvait sembler insurmontable puisque c'est à l'intérieur de l'atome qu'il fallait pénétrer : *l'atome périodique c'est l'atome complexe*. C'est donc un atome que la pensée au moins doit décomposer.

D'un autre côté, un positivisme qui explique le phénomène par un phénomène du même ordre fait figure de cercle vicieux. C'est ce que Dumas faisait déjà remarquer (1) : « La facilité avec laquelle tous les phénomènes de l'analyse quantitative ont été expliqués ou prévus en partant du principe de l'existence des atomes a fait adopter généralement les vues de Dalton ; mais la base même de ces vues n'a point été démontrée. Quelques personnes ont voulu, il est vrai; présenter les phénomènes chimiques

(1) DUMAS, *Leçon sur la Philosophie chimique*, 2e éd., p. 253.

comme offrant à leur tour une démonstration de la réalité des atomes. C'était faire un cercle vicieux, et leur argumentation est demeurée sans autorité. » Si l'on veut que la description de l'expérience prenne une valeur d'explication, il faut en effet qu'elle réfère les phénomènes d'un certain ordre à des phénomènes d'un autre ordre qui puisse passer, par certains côtés, pour fondamental. C'est précisément cette explication qui solidarise les phénomènes les plus divers de la Physique, de manière à constituer une *phénoménologie* de superposition que nous allons voir en œuvre dans la science, si particulière, du XXe siècle.

CHAPITRE VIII

LA FORMATION DE LA NOTION DE NOMBRE ATOMIQUE

Nous avons laissé de côté quelques anomalies du tableau de Mendéléeff sur lesquelles il nous faut maintenant revenir.

Pour respecter les périodes, il a été nécessaire de laisser d'abord quelques cases en blanc, ce qui ne va pas, à première vue, sans augmenter beaucoup l'arbitraire de la classification. Mais la robuste confiance de Mendéléeff était loin de s'arrêter à une telle difficulté : il répondait immédiatement en affirmant que ces cases étaient celles d'éléments encore inconnus. Ce fut une des raisons de l'utilité de la classification de Mendéléeff, différente en cela de la classification de Newlands (1865) qui ne laissait au contraire aucune place libre.

A l'égard des éléments inconnus, Mendéléeff fit d'ailleurs des anticipations heureuses. Puisque l'on a pu établir, entre les éléments voisins, un système de moyennes reliant les paramètres spécifiques, on peut maintenant fixer, par une espèce d'interpolation qualitative, les propriétés et les coefficients des éléments non encore isolés. Les découvertes ne tardèrent pas à confirmer ces étonnantes prévisions. C'est ainsi que, très rapidement comme le note Mendéléeff dans la sixième édition de son traité,

Lecoq de Boisbaudran (1875) découvrit le gallium qui est identique à l'éka-aluminium, Nilson (1879) isola le scandium identique à l'éka-bore, Winkler (1816) le germanium identique à l'éka-silicium. Il ne faut d'ailleurs pas voir uniquement dans cette réussite un succès gratuit. En effet ce sont parfois les problèmes de la classification des substances et de l'ordination des phénomènes chimiques qui appellent les expériences. Soulignons par exemple avec quelle netteté, Lecoq de Boisbaudran indique le rôle de l'intuition d'ensemble au seuil de ses recherches : « Depuis que je m'occupe de chimie, mon attention s'est toujours portée sur la question philosophique de la classification des éléments... Je m'attachai à découvrir de nouveaux rapprochements, soit par la comparaison des poids atomiques des éléments, soit par celle de leurs qualités : telles, par exemple, que l'émission à haute température de rayons lumineux de longueurs d'onde déterminées. Je parvins ainsi à des réactions encore inconnues, et j'en tirai quelques déductions qui me parurent assez curieuses.... Parmi les conclusions que l'on pouvait tirer de mes essais de classifications chimiques, se trouvait la probabilité de l'existence d'éléments inconnus venant remplir les places laissées vides dans les séries naturelles. Il est clair que la position ainsi occupée dans une famille chimique par un corps hypothétique indique approximativement les propriétés de ce corps. » Lecoq de Boisbaudran montre ensuite qu'il est nécessaire d'avoir à sa disposition pour explorer cet inconnu, une méthode plus précise que l'analyse chimique ordinaire et il indique comment il fut amené à perfectionner la technique de l'analyse spectrale qui finalement après quinze ans d'efforts le conduisirent à identifier le gallium. Ce qui est important pour notre sujet c'est de voir en action une méthode de comparaison vraiment singulière puisqu'elle met en parallèle deux corps dont l'un est connu et l'autre inconnu. Nous voyons aussi qu'un expérimentateur aussi minutieux que Lecoq de Boisbaudran n'hésite pas à placer les données de la classification au rang des idées directrices de la chimie d'invention.

Le succès des prévisions de Mendéléeff ne s'est pas démenti : tous les éléments qui ont été isolés depuis un demi-siècle sont allés se ranger avec facilité et précision dans les cases que Mendéléeff leur avait préparées. Les dernières trouvailles correspondent aux numéros 43 (masurium) et 75 (rhénium) isolés en 1925 par le Dr Noddack (Berlin), au numéro 61 (illinium) isolé par M. Hopkins. Enfin, en 1930, Allison et Murphy ont reconnu l'élément 87. Resterait à trouver l'élément 85 dans la vieille famille des halogènes (1).

Une deuxième anomalie du tableau dressé par Mendéléeff paraît plus difficile à accepter *a priori* puisqu'elle va jusqu'à contredire au principe même du classement. On rencontrait cette anomalie à l'occasion de certains corps qui devaient précéder et non suivre, dans l'ordre du tableau, des éléments dont le poids atomique était inférieur au leur. Ainsi, il fallait ranger le tellure avant l'iode encore que le tellure eût un poids atomique supérieur à celui de l'iode. Par la suite, il en sera de même pour l'argon

(1) Voir sur les travaux récents un article de M. Bligh. Apud Scientia, 1928, IV.

et le potassium, pour le cobalt et le nickel et enfin pour le thorium et le protactinium.

La justification *a posteriori* de ces perturbations ordinales était d'ailleurs non moins difficile, puisqu'on ne possédait aucune expérience pour légitimer la périodicité à laquelle on sacrifiait tout autre caractère. C'est cependant cette justification qui devait mettre sur la voie d'un concept étonnamment fécond dont la formation suit d'ailleurs un progrès si continu qu'on distingue mal l'instant où ce concept s'imposa dans la science. Nous voulons parler de la notion de *nombre atomique*. C'est la formation de cette notion que nous allons maintenant essayer de décrire car c'est elle qui constituera le principal facteur de l'harmonie matérielle. Elle est ainsi à nos yeux une des plus grandes conquêtes théoriques du siècle.

Sans doute, il devait sembler bien audacieux d'abandonner les poids atomiques comme base de la classification Ils se révélaient en effet comme des paramètres extrêmement sensibles, dépassant en tout cas la précision nécessaire au classement des propriétés générales. D'autre part, à la fin du XIXe siècle on s'attachait systématiquement au caractère purement phénoménologique de la science : puisque les phénomènes nous apparaissent solidaires, qu'importe la racine, sans doute à jamais cachée, de leur liaison ; la tâche vraiment positive doit se confiner dans la description des relations et pour cette description il n'y a guère que des questions de franche commodité qui puissent nous faire préférer une variable à une autre. Autant de raisons pour négliger toute discussion sur la réalité fondamentale d'une variable distinguée à la base d'une description phénoménologique. D'ailleurs tant faire que de changer de variables, comment ne pas adopter une variable qui soit apparente dans le phénomène, une quantité que nous puissions mettre en évidence et mesurer dans une expérience ?

C'est pourtant à une variable qui devait sembler éminemment factice qu'on finit par s'adresser puisqu'on en vint à choisir, comme élément déterminant fondamental, le simple numéro d'ordre qui fixait la place de l'élément chimique dans le tableau de Mendéléeff. Comme si la pagination d'un livre pouvait en éclairer le plan ! Mais ce qu'il y a de plus étonnant encore, c'est que cette variable qui était d'abord un simple repère, qui n'avait primitivement aucun sens expérimental, aucun sens quantitatif, prit peu à peu une valeur explicative plus large et plus profonde. Elle est devenue une valeur théorique particulièrement claire et suggestive ; on lui a trouvé un sens arithmétique très simple. Actuellement, c'est cette variable solidaire de l'ensemble des corps qui donne vraiment la mesure de la réalité chimique des divers éléments.

Essayons d'abord de mettre en évidence ce qui peut légitimer *a priori* la substitution du numéro de l'ordre de Mendéléeff au poids atomique. Ce qu'il y a de frappant dans les théories que nous avons exposées, c'est qu'en dépit de tous les flottements numériques, au milieu d'un ensemble en apparence désordonné de paramètres indépendants ou pour le moins d'une solidarité lointaine et obscure, se fasse jour une allure aussi nette, aussi décisive que la périodicité. C'est la périodicité qui a été le véritable guide pour la constitution du tableau et c'est finalement à la périodicité que l'on a donné la suprématie quand cette périodicité s'est trouvée en conflit avec l'initial principe d'un classement absolument régulier des poids atomiques croissants. Réfléchissons maintenant que, généralement parlant, *l'allure est ordre*. Or ici, tout bien considéré, il ne s'agit que de comparaisons ordinales. Nous avons fait sentir que l'ordre de Mendéléeff est en quelque sorte continu, solidifié par le voisinage, mesuré par des moyennes. Tout ce qui dépasse l'ordre est donc en trop. Dès lors on tient peut-être la preuve, en quelque sorte métaphysique, que les poids atomiques apportent un caractère superfétatoire à la classification harmonique. En tout cas, on ne peut guère tarder à voir que les poids atomiques n'interviennent que par leur ordre, non par leur valeur *dans les courbes comme dans le tableau*.

La question de fait est naturellement beaucoup plus nette et décisive. Elle revient à montrer que les courbes tracées en fonction du *nombre* atomique sont beaucoup plus régulières que celles tracées en fonction du *poids* atomique. Par exemple, dans la courbe des volumes atomiques, qui a joué un rôle si important dans les déductions de L. Meyer, certaines anomalies concernant le sélénium et le fer disparaissent quand on emploie la nouvelle variable ; de même les inversions que la périodicité réclamait en contradiction du principe des poids atomiques croissants, sont naturellement justifiées avec le nouveau principe de classement. La correspondance des diverses courbes représentant les qualités des divers éléments est également plus complète quand on examine l'ordre fixé par Mendéléeff. On verra la puissance de la notion de nombre atomique si l'on veut bien se reporter à la figure où Sommerfeld a rapproché les trois courbes de la compressibilité à l'état solide, du coefficient de dilatation, de la valeur inverse de la température de fusion (1). Examinons d'ailleurs le sens physique du rapprochement. La valeur inverse du point de fusion peut sembler d'abord artificielle, elle représente cependant assez bien une mesure de la tendance de l'élément à quitter l'état solide. Compressibilité, dilatation, fusion apparaissent par ce détour plus clairement apparentées. De telles méthodes de comparaison, une fois qu'elles sont appuyées sur un motif essentiel, conduiront à une doctrine chimique de la cohésion, doctrine d'autant plus importante que la cohésion était prise, aux âges de la macro-chimie, comme une qualité immédiate qui n'avait pas grand besoin d'explication, mais qui, au contraire, jouait un rôle explicatif quasi naturel. Il est d'ailleurs difficile de méconnaître la lumière apportée par le classement en fonction du nombre atomique dans cette trilogie de la cohésion. C'est vraiment le principe de la coordination qui fait le succès de la construction.

Les réussites dans la coordination expérimentale ne tardèrent pas à réagir sur le principe même de la classification. Elles en accrurent la portée. Comme la remarque en a souvent été faite, une théorie qui dépasse en fécondité le programme d'explication qu'elle s'était assignée prend une valeur redoublée. Le tableau de Mendéleeff, développé sur les poids atomiques, avait imposé une *périodicité uniforme* qui devait obéir à l'encadrement en quelque sorte géométrique des éléments. La représentation des propriétés comme fonction du nombre atomique est plus libre. Tenant l'ordre véritable, nous voyons mieux les périodes telles qu'elles sont et nous n'abordons

(1) Sommerfeld, *loc. cit.*, t. I, p. 123

plus la classification chimique, à la manière de Procuste, avec une périodicité d'ampleur constante. En fait, on a clairement reconnu l'existence de périodes d'étendues différentes. Il y a bien deux périodes de huit éléments mais ensuite viennent deux périodes qui groupent chacune dix-huit éléments et une dernière qui en groupe trente-deux. Les grandes périodes ne sont pas décomposables en périodes plus simples ; elles forment des individualités nettement constituées. C'est désormais à ces nouvelles périodes, affirmées de plus en plus par la science contemporaine, que nous nous adresserons pour coordonner l'étude harmonique de la matière.

Des expériences supplémentaires s'imposèrent bientôt à l'attention des physiciens et consacrèrent d'une manière péremptoire, à de nouveaux points de vue, l'intérêt de la notion de nombre atomique. On parvint à produire et à photographier les spectres de rayons X de diverses substances. Barkla et Moseley eurent l'idée d'étudier ces spectres en fonction du système périodique des éléments et Moseley arriva à cette loi très simple : *Dans les radiations de Röntgen, la racine carrée de l'inverse des longueurs d'onde correspondant aux différents corps émetteurs croît comme une fonction linéaire du nombre atomique.* Cette loi illustrera à jamais le nom de Moseley, tombé à 28 ans aux Dardanelles. Elle est la clé d'une énigme. Elle domine définitivement le pluralisme du phénomène chimique.

Pour les rayons de Röntgen, la preuve est faite comme l'avait suggéré Rydberg qu'ils ne dépendent pas essentiellement du poids atomique, mais du nombre atomique Ainsi, une fois de plus, c'est l'ordre qui apporte la simplicité, la clarté, la régularité ; c'est l'ordre qui donne la coordination maxima. On a donc bien trouvé, avec le nombre atomique, le repère à la fois le plus naturel et le plus sûr.

D'ailleurs la précision atteinte par la spectroscopie de rayons de Röntgen est telle qu'elle en aîne définitivement la conviction. On peut dire que sur les clichés de Moseley l'ordre reçoit une *véritable mesure*. Non seulement on ne peut plus hésiter à accepter les inversions du nickel et du cobalt, du tellure et de l'iode, mais la place de ces éléments qui était d'abord toute relative à un ensemble de propriétés est fixée par un paramètre d'une sensibilité extrême. Dans le spectre, l'espace classe avec toute sa précision, toute sa géométrie métrique et ordinale.

De même, les lacunes du tableau de Mendéléeff apparaissent en quelque sorte quantifiées quand on confronte les clichés de tous les éléments connus. Devant une lacune, on a non seulement l'impression qu'on omet un élément, mais on saisit même la localisation exacte des raies qui nous font défaut et qui seraient suffisantes pour caractériser l'élément inconnu. Certes, c'est une pensée qui peut sembler ambitieuse que celle qui désigne l'inconnu, qui le place, qui le mesure, qui le confine sur un terrain aussi étroit que précis. Mais la figure d'ensemble des clichés est si nette que l'interpolation est comme évidente. La loi de l'enchaînement est trop clairement et trop précisément inscrite dans l'expérience pour que nous mettions en doute la sécurité où nous sommes de tenir la chaîne entière, à l'exception de quelques chaînons nettement désignés. C'est d'ailleurs dans l'examen des spectres de rayons X qu'on cherche maintenant les premiers indices des corps inconnus. Par exemple, c'est en examinant ces spectres que Druce et Loring ont trouvé l'élément 75 dans des produits manganeux.

Arrivé à ce point de l'évolution scientifique on tient toutes les conditions d'une réciproque très importante. Jusqu'ici la fixation de l'ordre dans le tableau de Mendéléeff et surtout le retour sur les éléments typiques étaient le résultat d'une synthèse, plus ou moins vague, d'analogies mal quantifiées. Comme le fait remarquer M. A. Berthoud (1) « jusqu'à la découverte de Moseley, on ne connaissait aucune propriété des éléments permettant à elle seule de leur assigner leur place dans le système de Mendéléeff ». Outre les anomalies signalées plus haut dont on triomphait obscurément, il y avait également des divergences de vue concernant la complexité de la troisième grande période. « C'est dans cette période, dit encore M. Berthoud, que se rencontre ce groupe étrange des *métaux des terres rares* qui comprend une douzaine d'éléments dont les poids atomiques varient entre 140 pour le cérium et 175 pour le lutécium, et dont les propriétés sont cependant si voisines qu'on ne parvient que difficilement à les séparer. Leur situation dans la classification périodique a été autrefois très discutée. Pour que la troisième grande période devienne semblable aux précédentes, où on ne trouve rien d'analogue aux métaux des terres rares, il faudrait pouvoir attribuer à tout ce groupe une place unique. On les a effectivement considérés comme équivalents à un seul élément (ou à deux éléments

(1) Berthoud, *Les nouvelles conceptions de la Matière et de l'Atome*, 1923, p. 142-143.

si, comme on le fait ordinairement, on comprend le lanthane dans le groupe des métaux des terres rares) et on a vu dans leur existence quelque chose de comparable à ces nombreux astéroïdes qui circulent entre Mars et Jupiter où ils tiennent la place de la planète que la règle de Bode laisse prévoir. La loi de Moseley met fin à toutes ces discussions. Le spectre de haute fréquence suffit à lui seul pour classer les éléments dans le rythme périodique et l'ordre qui leur est ainsi assigné concorde avec celui qui résulte des analogies chimiques. » On trouve donc enfin, non seulement le principe de l'individualisation en Chimie, mais encore *une expérience* extrêmement précise qui suffit, à *elle seule*, à repérer le caractère fondamental et spécifique d'un élément.

Toute cette évolution mérite sans doute de retenir l'attention de l'épistémologue. Résumons-la. D'abord vague et obscur, le principe de classification de Mendéléeff ne tendait qu'à organiser l'ensemble des résultats expérimentaux. L'expérience conduit ensuite à le modifier légèrement, ce qui contribue à en augmenter l'obscurité. Cependant le caractère conventionnel dont on ne voyait guère *a priori* la légitimité ne tarde pas à fournir la preuve de sa valeur pragmatique. Les analogies surgissent plus nombreuses, l'expérience progressivement multiplie le sens et l'emploi du principe classificateur. Enfin, une expérience décisive isole, comme une réalité, ce qui n'était qu'une variable muette, qu'une espèce d'artifice algébrique. La notion de base de la classification *a priori* est devenue une notion expérimentale. Il nous restera à décrire, dans un des chapitres suivants, comment cette notion, rendue expérimentale, s'est éclairée par l'effort continu des théoriciens.

CHAPITRE IX

L'ISOTOPIE

Avant d'en arriver là, nous devons encore exposer tout un nouvel ordre de découvertes qui eurent d'abord pour effet d'obscurcir le sens de la classification périodique et de troubler cette harmonie qu'on commençait à saisir dans la filiation des éléments.

La découverte de la radio-activité fut en effet une ère de troubles pour la physique contemporaine. Lors de la découverte du radium, le nombre des places encore disponibles dans le tableau était déjà bien réduit. Il n'y avait plus que sept places libres dans les éléments lourds. Or, les expériences de radio-activité ne tardèrent pas à prouver l'existence d'autres éléments radio-actifs, et leur nombre devint rapidement si grand qu'on fut amené à conclure que le tableau périodique était trop resserré pour les contenir tous. Comment faire face à cette difficulté ?

En réalité, les radioéléments se présentaient, en ce qui concerne la classification, de deux manières tout à fait différentes. Quelques-uns purent en effet être rangés dans des cases libres. Tel fut le cas de cinq d'entre eux : le radium, l'émanation du radium, le polonium, l'actinium et le protactinium. Leur localisation met d'ailleurs en œuvre les critères les plus variés (1).

(1) Voir Mme Curie, *L'isotopie et les éléments isotopes*, p. 23.

Quant aux autres éléments, chaque jour plus nombreux ils manifestaient des propriétés extrèmement voisines de celles d'autres éléments déjà classés, ils avaient des poids atomiques qui, aux erreurs expérimentales près, étaient semblables à des poids atomiques connus. Bref, il fallait les mettre dans des cases déjà occupées.

Pouvait-on en quelque façon dilater le tableau périodique et reprendre à la faveur de différences secondaires un classement sur le même principe ? C'eût été sacrifier l'assurance initiale de la classification. Le tableau de Mendéléeff avait été clairement constitué par une discrimination à traits très marqués. Nous avons déjà vu l'embarras apporté par les terres rares. Pour les éléments radio-actifs, la difficulté était encore accrue parce que d'un corps radio-actif à un autre les différences étaient parfois insensibles, ou pour mieux dire il n'y en avait qu'une : ils ne différaient d'un autre élément du tableau que par la radio-activité.

Fallait-il alors écarter le caractère radio-actif et le considérer comme une propriété sans rapport avec la nature chimique des éléments où elle se manifestait, comme une propriété gratuite, indifférente à la classification générale ? Pour prendre la question d'une autre manière, ce qui frappait davantage, c'était l'impossibilité où l'on était de séparer chimiquement des corps qui, au moins par la radio-activité, étaient différents. Ainsi le plomb extrait d'un minerai uranifère contient toujours un peu de radium D. Mais en dépit de toutes les opérations imaginables (cristallisations fractionnées, oxydation, vaporisation, électrolyse etc...) répétées des milliers de fois, on n'arrive pas à faire varier la composition du mélange ; le plomb est inséparable du radium associé.

C'est de la conscience de cet échec irrémédiable qu'est née la notion nouvelle qui donna la solution de toutes ces difficultés.

En somme, on s'acharnait à prouver la différence *chimique* de deux corps que la chimie ne parvenait pas à distinguer. On postulait qu'un caractère expérimental, la radio-activité, devait nécessairement avoir une racine dans la nature chimique des corps; autrement dit, on admettait que *la chimie devait expliquer toutes les qualités.* C'était supposer que la nature chimique est la nature primordiale, la nature naturante, toute proche des forces d'individualisation, alors que la nature physique ne nous livre que des moyennes et des généralités. On trouve là l'idée persistante d'une substance qui n'a qu'un plan pour ses attributs et qui ne peut varier dans une qualité sans varier dans son essence.

Au milieu de toutes ces difficultés le progrès consista, comme bien souvent, à abandonner un postulat tacite. C'est ainsi que F. Soddy affirma dès 1910 l'identité chimique des éléments dont on n'avait pas réussi à modifier la proportion relative par voie chimique. C'était définir chimiquement un critérium très net du caractère élémentaire : si les méthodes de la chimie sont susceptibles de faire varier les proportions d'une espèce chimique, cette espèce est composée ; si, au contraire, les proportions sont stables, en dépit de tout mode de fractionnement, l'espèce en question doit être prise comme un élément. Il importe peu que des caractères additionnels, comme la radio-activité, appartiennent ou non à la substance.

Dès lors « puisque la position d'un élément dans le système périodique est déterminée par l'ensemble de ses propriétés, il est clair que des éléments *chimiquement* identiques doivent occuper la même place. Le petit nombre des cases disponibles cesse donc d'être un obstacle à y faire entrer tous les éléments radioactifs » (1).

Pourquoi maintenant ce qui est vrai des radio-éléments ne serait-il pas valable pour tous les autres éléments ? Le poids atomique est une propriété constante où les opérations chimiques ne trouvent pas l'occasion d'une décomposition. Rien ne prouve cependant qu'il ne soit pas la simple caractéristique d'un mélange constant. Soddy en suggéra l'idée avant toute expérience. Rien ne s'oppose à ce qu'on considère un élément chimique c'est-à-dire réfractaire aux discriminations de la chimie expérimentale, comme composé d'une pléiade d'éléments inséparables. Si la réalité est telle, ces éléments sub-chimiques doivent manifestement rentrer dans une même case, à la même place du système périodique, d'où leur nom d'isotopes.

Cette généralisation de la notion d'isotopie, d'abord gratuite, ne tarda pas à être confirmée par l'expérience. Ce fut une véritable analyse balistique qui parvint à montrer la multiplicité intime de plusieurs éléments chimiques. Le principe de la méthode consiste à dévier, à l'intérieur d'un tube de Crookes, par des champs magnétique et électrique conjugués un flux d'atomes chargés positivement. La déviation est fonction de la masse de l'atome considéré. Si le flux est hétérogène, les trajectoires seront différentes. Dès 1913, Thompson et Aston trouvèrent ainsi que le néon dont le poids atomique est

(1) Berthoud, *loc. cit.*, p. 177.

20, 2 se compose de deux éléments isotopes qui ont respectivement pour poids atomiques 20 et 22. La méthode a été perfectionnée par Aston, sous le nom de spectrographie de masse. Aston a établi que l'isotopie se rencontrait dans nombreux cas. Il y a des cases qui sont occupées par des pléiades d'isotopes dans toutes les régions du tableau de Mendéléeff ; d'autres cases contiennent au contraire un corps unique, sans qu'on voie d'abord une loi quelconque de cette distribution. Devant cette absence de loi on prendra l'ordre de Mendéléeff comme un schéma d'analyse ; cet ordre est en effet le canevas naturel qui peut, de prime abord, mettre sur la voie des découvertes. Campbell fait alors les remarques suivantes (1) : « Il semble qu'il y ait l'indication d'une distinction réelle dans le fait que généralement les éléments de faible masse atomique tendent à être purs, tandis que ceux qui ont une forte masse atomique sont mixtes ; ainsi, des 18 premiers éléments, 11 sont purs, tandis que, pour les suivants, des 24 qui ont été examinés, 3 seulement n'ont pas été résolus en composants. La différence est tout aussi marquée si nous considérons le nombre moyen des isotopes par élément ; pour les 18 éléments légers, ce nombre est 1, 5 ; pour les 24 éléments plus lourds il est de 4... ». En l'absence de toute loi, ces statistiques peuvent paraître grossières ; elles apportent cependant une première lumière. Mais ce qui est intéressant pour notre objet c'est que cette statistique toute première suit le plan substantiel général. On se rend compte en particulier, que les anciennes familles d'éléments ne donneraient pas une base féconde pour des statistiques. La

(1) N. R. Campbell, *La structure de l'atome*, trad., p. 27.

substance une fois de plus, est marquée par l'ordre de Mendéléeff. Le Plan des substances apparaît comme plus instructif que la connaissance approfondie d'une substance.

Il est remarquable que les poids atomiques des différents isotopes, mesurés avec une approximation du millième par la spectrographie de masse sont tous des nombres entiers, à l'exception de l'hydrogène qui a pour poids atomique 1.008. Si l'on accepte une perte de masse de huit millièmes par atome d'hydrogène, on peut reprendre la loi de Prout suivant laquelle tous les atomes des différents corps résulteraient d'une condensation de plusieurs atomes d'hydrogène. Des considérations énergétiques légitimeront, dans la Physique relativiste, cette perte de masse de l'hydrogène dans une condensation pour aboutir à l'hélium et par cet intermédiaire à tous les corps simples de la Chimie. L'hypothèse philosophique de l'unité de la matière est ainsi retrouvée par des voies en quelque sorte numériques. Et c'est en un double sens qu'on peut dire que l'atome d'hydrogène représente l'unité matérielle ! il est l'unité avec laquelle on fait des substances, il est aussi l'unité avec laquelle on fait des nombres. Une coopération du nombre et de la qualité explique ainsi l'univers de la Chimie.

Bien des questions restent d'ailleurs en suspens. Comment rendre compte en particulier de la fixité des poids atomiques si les éléments sont de simples mélanges ? En effet, on comprendrait qu'un élément chimique fût formé d'un mélange d'isotopes en proportion quelconque et que dès lors le poids atomique se trouvât être un nombre décimal compliqué. Mais on ne conçoit guère que les doses d'isotopes ne varient pas avec l'origine de l'échantillon étudié et que, par conséquent, les poids atomiques, constitués par de simples moyennes puissent être des caractéristiques si fidèles des divers éléments. Or, sur ce dernier point les expériences sont probantes. Des essais ont été faits par Richards sur des métaux provenant de couches géologiques diverses. Baxter et Thorvalson ont étudié comparativement des fers d'origines terrestre et météorique. Toujours et partout les poids atomiques se sont révélés identiques à eux-mêmes.

Pour expliquer cette constance, on a invoqué la période de formation, revenant ainsi aux idées génétiques de Crookes dont nous avons essayé de montrer le caractère problématique. Ainsi, M. Berthoud formule l'hypothèse en ces termes (1). « La constance du poids atomique moyen peut signifier simplement que les isotopes se sont partout et toujours formés dans la même proportion ou bien que depuis les milliards d'années que la matière existe, elle a subi un tel brassage que le mélange a partout la même composition. » On s'explique mal que des conditions en quelque sorte cosmiques aient pu intervenir dans le détail de la matière et y aient inscrit, d'une façon si définitive et si générale, la trace de leur caractère si éminemment accidentel. Il y a dans cette union de la contingence et de la généralité quelque chose qui heurte notre esprit géométrique. A une persistance si régulière, à une généralité si solide, on voudrait une cause actuelle, douée d'une nécessité parfaite. On voudrait pouvoir lire dans l'expérience présente la loi qui constitue l'élément chimique nettement défini à partir des isotopes composants.

(1) BERTHOUD, *loc. cit.*, p. 186.

Ainsi, comme il arrive souvent, la solution d'un problème entraîne à poser un problème nouveau. Il semble qu'on chasse devant soi une zone opaque qui refuse la lumière. L'isotopie avait paru d'abord devoir obscurcir à jamais la signification du classement périodique et pourtant, finalement, elle consacra, à un point de vue important, la suprématie de l'ordre sur le poids. Par delà les expériences de mesure une expérience tout entière tournée vers la classification prenait place, comme si vraiment, dans le monde chimique le genre commandait à l'espèce. Non seulement l'isotopie désignait avec clarté le nombre atomique comme nouvelle variable, mais on gagnait encore quelque chose de plus puisque le caractère arithmétique entier des isotopes devait par la suite faciliter la recherche d'une liaison de substance à substance.

En fait, pendant tout le XIXe siècle les efforts avaient été nombreux pour établir directement une formule matricielle susceptible de réunir et de fonder comme une vue d'ensemble les différents poids atomiques. Le nombre même de ces essais prouve à la fois leur insuffisance et leur nécessité. Ces essais pouvaient-ils réussir ? Nous sommes maintenant mieux placés pour répondre à la question puisqu'avec la notion d'isotopes nous touchons en quelque sorte à un phénomène plus profond qui se développe sous le phénomène de premier aspect livré par les analyses chimiques ordinaires. Mais nous ne pourrons édifier la systématique des poids atomiques que si nous connaissons le rapport des poids atomiques des isotopes au poids atomique de l'élément trouvé par le chimiste.

S'agit-il d'une composition qui procède par simple moyenne ? Dans ce cas, les poids atomiques sont frappés par une contingence essentielle et il est vain de chercher une cohérence entre les poids atomiques des diverses substances. C'est ainsi que M. Berthoud condamne les efforts de systématique appuyée sur les poids atomiques. « Les recherches d'Aston, dit-il, (1) en donnant la preuve que les poids atomiques ne représentent souvent le poids d'aucun atome, consomment leur ruine définitive : ce n'étaient là que jeux de calcul. » Un expérimentateur aussi prudent que M. N. R. Campbell ira plus loin ; il mettra en doute certaines relations arithmétiques trouvées dans l'étude des spectres parce que ces relations « impliquent des constantes (ordinairement le poids atomique moyen) que l'on sait maintenant être sans signification physique simple » (2). Ainsi l'idée de moyenne se présente comme une objection à la reconstruction arithmétique de la substance ; autrement dit, la moyenne est une synthèse que l'expérience nous impose ; si indigente qu'en soit l'idée, elle ne peut être revécue par l'esprit. On saisit ici, sur un terrain au fond très philosophique, le déclin de la notion de poids atomique. Désormais cette notion, touchée d'un empirisme radical, ne saurait être prise comme notion vraiment initiale, propre à servir de base à une explication intégrale.

Il semble d'ailleurs que la constance de composition des éléments en isotopes doive être affirmée avec une certaine réserve. Aston a présenté récemment des observations précises sur trois éléments (Krypton, Xénon, Mercure). Il définit à ce propos ce qu'il appelle le moment isotopique d'un élément. Ce moment est égal au produit

(1) Berthoud, *loc. cit.*, p. 199.
(2) Campbell, *loc. cit.*, p. 75.

de la quantité de l'isotope par l'écart avec le nombre isotopique moyen. Aston voit dans le moment isotopique d'un élément la mesure de la probabilité d'altération de son poids atomique par des processus de diffusion. Il est à penser qu'on trouvera tôt ou tard des moyens pour modifier les proportions isotopiques. Le poids atomique tel que le définissait la chimie du siècle dernier correspondrait donc à un dosage particulier et contingent.

Mais alors, dès qu'on abandonne le poids atomique comme variable fondamentale de la description générale des éléments, on est amené à considérer ce poids comme une *fonction* phénoménologique au même titre que les autres propriétés. On ne supprime pas le problème en disant qu'on a affaire à une simple moyenne, car cette conclusion détermine tout de suite une nouvelle question. En effet, dès qu'on a fait la preuve que l'élément chimique est un mélange sans loi d'isotopes, on se voit obligé de supposer *a priori* que toutes les *propriétés atomiques sont des propriétés moyennes*. Or, nous avons dégagé une allure périodique incontestable pour de nombreuses propriétés des diverses substances. Si quelques propriétés font alors exception à cette allure périodique, elles nous mettront pour le moins en face d'une anomalie qu'il faudra expliquer.

C'est précisément ce qui arrive pour le poids atomique. Ce poids varie d'une manière très compliquée quand on l'étudie en fonction du nombre atomique. Cette complication est d'ailleurs d'autant plus difficile à analyser qu'elle joue en réalité sur une échelle assez petite. Là, comme ailleurs « l'à peu près » est réfractaire à une coordination rationnelle et claire. De toute manière, en restant dans les grandes lignes le poids atomique nous donne l'exemple d'une propriété grossièrement monotone qui contraste crûment avec l'allure périodique des propriétés physiques des mêmes éléments. Il y a là des allures si diverses qu'elles doivent nous suggérer l'idée de deux ordres de propriétés d'origines très différentes. Comment rendre compte de cette dualité dans l'aspect de la phénoménologie chimique ? Comme nous le verrons par la suite, on devra considérer deux régions dans l'atome : une partie centrale et une partie périphérique. Nous serons alors amenés à cette conclusion que la périodicité, si nettement évidente dans les phénomènes physiques, est une fonction de la périphérie, tandis que le poids atomique est une fonction de la région centrale. Sans doute, jusqu'ici, les termes de périphérie et de centre sont entièrement métaphoriques. Mais ils sont déjà, croyons-nous, comme imposés par un examen attentif de la phénoménologie. Cette phénoménologie se développe en effet sur deux plans qui se manifestent indépendamment l'un de l'autre. D'ailleurs un de ces plans doit se trouver, en quelque manière, plus loin de nous puisque notre action y est impuissante, alors que les chimistes ont établi des expériences qui travaillent sur les parties périphériques de l'atome. Cependant l'étude chimique est insuffisante pour éclairer et préciser cette stratification phénoménologique. Il faudra d'autres expériences et d'autres théories, que nous serons amenés à évoquer dans le chapitre suivant, pour montrer jusqu'à quel point la métaphore traduit la réalité.

Après tant de confirmations, par le fait même qu'il a subsisté bien qu'on ait touché jusqu'au principe initial qui d'abord l'avait constitué, le tableau de Mendéléeff apparaît donc avec un sens profondément unitaire. C'est le schéma de l'ordre naturel, c'est le résumé de toutes les expériences qui peuvent éclairer une évolution des substances.

Il est à penser qu'on se référera longtemps au tableau de Mendéléeff. Nous le reproduisons sous la forme la plus communément adoptée actuellement, tel qu'il figure dans le livre de M. Haas (1).

(1) Haas, *Quanta et Chimie*, trad., 1931, p. 4.

LE SYSTÈME PÉRIODIQUE DES ÉLÉMENTS

	I	II	III	IV	V	VI	VII	VIII
1	1 H							2 He
2	3 Li	4 Gl	5 B	6 C	7 N	8 O	9 F	10 Ne
3	11 Na	12 Mg	13 Al	14 Si	15 P	16 S	17 Cl	18 Ar
4	19 K 29 Cu	20 Ca 30 Zn	21 Sc 31 Ga	22 Ti 32 Ge	23 V 33 As	24 Cr 34 Se	25 Mn 35 Br	26 Fe 27 Co 28 Ni 36 Kr
5	37 Rb 47 Ag	38 Sr 48 Cd	39 Y 49 In	40 Zr 50 Sn	41 Nb 51 Sb	42 Mo 52 Te	43 Ms 53 I	44 Ru 45 Rh 46 Pd 54 X
6	55 Cs 79 Au	56 Ba 80 Hg	57-71 terres rares 81 Tl	72 Hf 82 Pb	73 Ta 83 Bi	74 W 84 Po	75 Re 85	76 Os 77 Ir 78 Pt 86 Em
7	87	88 Ra	89 Ac	90 Th	91 Pa	92 U		

CHAPITRE X

LE CARACTÈRE ÉLECTRIQUE DES ATOMES

Une des objections les plus communes que rencontre tout effort d'harmonie c'est qu'il se dépense dans l'organisation de généralités naturellement abstraites et qu'il est par là solidaire de tout un système philosophique et même des conceptions spéciales d'un temps. Autant dire qu'on ne trouve de l'harmonie dans les choses qu'en fonction d'une harmonie préétablie dans les hypothèses ou même dans les habitudes de l'esprit. Mais vient toujours un temps où l'expérience décompose le général et décèle, dans le phénomène global, des occasions de diversification. L'esquisse péniblement tracée finit par perdre son sens et sa valeur sous la surcharge d'un empirisme plus exigeant ; la décoordination entre l'idéal et l'expérience, entre le général et le détail devient définitive. C'est un fait épistémologique très curieux qu'on n'arrive pas à organiser ensemble deux approximations d'ordres nettement différents encore que ces approximations étudient le même phénomène.

Ainsi, dans le problème qui nous occupe, c'est l'expérience de deuxième approximation qui vint rompre l'harmonie qui liait déjà les qualités générales des substances. Guidés par les travaux sur la périodicité et sur l'isotopie, nous pouvions espérer construire clairement tout le système des substances chimiques avec une seule et même substance-unité, l'atome d'hydrogène. Mais si cet atome, dans une étude plus fine, se révèle à son tour complexe ou même simplement différencié, comme ce sera le cas dans les phénomènes d'ionisation, l'harmonie de la matière perd en quelque sorte sa racine initiale. Elle cesse d'être réelle pour devenir un jeu de moyennes, une organisation plus ou moins arbitraire d'expériences et de points de vue.

Précisément en prouvant, grâce aux phénomènes électriques, la complexité électrique de l'atome d'hydrogène et de tous les autres atomes, la science contemporaine a posé le problème de l'unité de la matière sous une forme entièrement nouvelle. Non seulement le niveau initial de la composition perd sa simplicité, mais les règles de la composition ne peuvent plus être prises comme indépendantes des éléments qu'elles agglomèrent ; autrement dit, il apparaît que l'atome d'hydrogène ne saurait même pas être pris comme un intermédiaire suffisamment explicatif. Le motif de l'explication s'est déplacé ; de nouveaux problèmes surgissent. C'est toute la synthèse qui est remise en question.

C'est aussi tout le problème de la structure qui doit être repris sur un autre plan et d'un point de vue plus réaliste. Certes, avant la découverte de l'électron on avait pu imaginer une complexité interne de l'atome, mais c'était là précisément une œuvre tout imaginative, tout esthétique. Comme le dit M. Campbell (1) : « il

(1) Campbell, *loc. cit.*, p. 1.

n'y avait aucune preuve directe que l'atome eût une structure ; il n'existait aucune expérience dont l'application eût besoin de l'hypothèse qu'un atome est divisible en plusieurs parties ». Il n'y a pas là une remarque simplement historique, mais dans l'esprit de M. Campbell cette découverte engage toute une épistémologie nouvelle, elle convertit une vague spéculation en une théorie de valeur scientifique et de prévision expérimentale.

La finesse de la détection électrique dans les recherches modernes, nous fait comprendre qu'avec l'électricité on pénètre dans un ordre d'approximation qui n'a rien de commun avec les mesures proprement chimiques. On ne doit pas oublier en effet que la Chimie, dès qu'elle a atteint les âges scientifiques, s'est bornée à établir des lois de proportions et qu'elle n'a plus dès lors *considéré que des types*, non pas des objets. La chimie électrique est un retour vers la recherche d'un véritable objet qu'on réussira à saisir électriquement.

Rien ne prouve mieux la rupture de deux expérimentations que la différence dans l'ordre de la précision. Comme le remarque Thompson (1) : « Les progrès accomplis en considérant l'atome électrisé... sont dus à ce fait qu'un atome non électrisé se joue si bien de nous que, tant que le nombre des atomes ne dépasse pas un million de millions, nous n'avons aucun moyen assez sensible pour constater leur présence ; en d'autres termes, si nous n'avions pas, pour reconnaître l'homme, de meilleur réactif que pour reconnaître la molécule non électrisée, nous ne pourrions pas ne pas trouver que la Terre est

(1) J. J. Thompson, *La théorie atomique*, trad. Moureu, 1919, p. 10

inhabitée. L'atome ou la molécule électrisée, par contre, est beaucoup moins discrète, à telle enseigne qu'il a été possible, dans quelques cas, de déceler la présence d'un seul atome électrisé ; un billion d'atomes non électrisés peut échapper à notre observation, tandis qu'une douzaine d'atomes électrisés se perçoivent sans difficulté. »

Il ne s'agit pas encore d'une décomposition des atomes eux-mêmes, mais seulement d'une analyse dont le résultat est entièrement de caractère chimique bien qu'on opère par voie électrique. C'est un trait bien marqué de la Chimie contemporaine qu'elle considère de plus en plus les cathions et les anions comme les éléments véritablement explicatifs des réactions chimiques. Qu'on lise un livre d'enseignement, comme celui de M. Boll par exemple, et l'on sera frappé de la nouveauté et de la simplicité que les considérations électriques apportent à la coordination des expériences chimiques. C'est l'électricité qui explique le mieux théoriquement le phénomène chimique essentiel et c'est l'électricité qui donne, du point de vue expérimental, le critérium de pureté le plus sensible pour les substances chimiques.

Quelle est donc au juste la portée phénoménologique du caractère électrique ? Ce caractère tient-il dans le même rapport d'attribut à substance que les autres caractères généraux, comme la masse, la fusibilité... considérés aux premiers âges de la Physique scientifique ? Jadis on cherchait systématiquement, dans tous les domaines, une substance particulière, susceptible de porter partout et toujours sa qualité caractéristique ; par exemple, on prenait l'électricité comme un fluide qui s'ajouterait du dehors à un corps inerte pour lui donner un ensemble de propriétés nouvelles, de la même manière qu'on ajoute un attribut à un sujet pour donner à ce sujet un sens nouveau. Au contraire, dans la Physique moderne, l'atome électrisé représente, non pas un élément enrichi qui aurait reçu du dehors un caractère nouveau, mais un élément déséquilibré, mutilé, simplifié. Cet élément a bien pris une fonction supplémentaire et surtout une sensibilité de détection toute nouvelle, mais c'est seulement quand il est en quelque manière troublé ; complet et normal il serait à jamais isolé et inactif. Il apparaît réel quand une expérience plus ou moins factice vient le préparer à agir sur un autre atome.

L'expérience électrique est si précise qu'on peut parler d'une expérience au niveau d'un atome particulier. Tant qu'on opérait au sein des dissolutions, on n'avait pas le moyen d'utiliser la sensibilité de la détection électrique dans toute sa finesse. Le milieu, par son action chimique et par son action physique, ne permettait d'isoler ni le caractère électrique fondamental qui restait impliqué dans des actions chimiques secondaires, ni le caractère individuel de l'atome puisqu'on ne savait former et mobiliser que d'immenses colonies d'atomes. Il fallait trouver des milieux, des méthodes, des appareils appropriés aux recherches atomiques et sub-atomiques.

Le milieu qui devait sembler d'abord le plus propre à faciliter ces recherches était évidemment l'état extrêmement raréfié qu'on obtenait dans les tubes à vide. On sait que Crookes, proposant un nom nouveau pour une chose en somme nouvelle, distinguait, à côté des trois états de la matière, un quatrième état : l'état radiant. C'est en étudiant cet état radiant qu'on devait trouver les phénomènes fondamentaux de la physique atomique, le principe même de l'explication universelle et harmonique de la matière.

Comment une expérience aussi spéciale peut-elle atteindre une telle valeur compréhensive et extensive, c'est ce que nous voudrions maintenant indiquer.

Dès le début, on se rendit compte qu'au moins par un certain côté l'état radiant se plaçait sous les lois des phénomènes de la physique usuelle. On fit la preuve que c'était, malgré ses propriétés très particulières, un état matériel et non pas un rayonnement d'énergie sans support. On fit même une étude entièrement balistique qui donna des indications précises sur la nature et la vitesse des particules matérielles qui produisent les phénomènes.

Mais, dans ces expériences balistiques, on avait encore affaire à un nombre énorme d'atomes. Ce fut l'étude de la conductibilité électrique des gaz qui mit en présence d'un phénomène susceptible d'une analyse plus complète : on parvint à démontrer que cette conductibilité n'était pas le simple attribut d'une matière prise dans son homogénéité, mais qu'elle prenait sa racine dans des éléments isolés. Certes, la Physique moderne a donné bien des exemples d'un passage du continu au discontinu, mais aucun peut-être n'a relié des idées plus lointaines. On assiste là à une espèce de décomposition de la phénoménologie où les rapports de substance à attribut sont complètement perturbés, par le fait seul qu'ils sont finalement posés à des niveaux extrêmement différents du niveau initial. Essayons de marquer cette décomposition.

Guidé par l'expérience d'ensemble telle que la suggère la phénoménologie de premier aspect, on admet assez facilement que la conductibilité électrique soit attribuée aux gaz comme aux dissolutions. D'abord, l'expérience nous montre que tous les corps chargés perdent peu à peu leur électricité, du fait de l'air ambiant. D'ailleurs pour résumer cette expérience, on possède un concept qui a fait ses preuves dans les occasions les plus variées, c'est celui de la *conductibilité*. Il suffit donc d'écrire que les gaz sont légèrement conductibles pour comprendre le phénomène de la déperdition.

Mais, entre bien d'autres, une expérience précise et simple, vint bouleverser ces conclusions. Si l'on filtre le gaz conducteur à travers un tampon de coton de verre, il perd immédiatement sa conductibilité. Ainsi une opération purement mécanique, qui respecte naturellement toutes les qualités du gaz, qui laisse indemnes toutes ses propriétés chimiques, retranche cependant un attribut. C'est qu'au fond, comme nous avons eu l'occasion de l'expliquer ailleurs, la conductibilité n'est pas un concept clair et immédiat, c'est une notion qui réclamerait une construction à partir d'autres concepts expérimentaux plus précis. C'est ce que Poisson avait bien compris à l'égard de la conductibilité calorifique quand il en avait fait une notion dérivée. Ici, l'expérience de filtrage prouve qu'on avait postulé une généralité qualitative qui ne correspondait pas à la réalité. On en vient donc à soupçonner l'hétérogénéité électrique d'un gaz conducteur.

L'expérience où la conductibilité est retranchée devait naturellement faciliter l'étude des cas où elle prend naissance. Mais avant même l'expérience du filtrage, on avait remarqué que les rayons X et le radium déchargeaient un électroscope ; autrement dit, sous ces deux influences, on pouvait penser que l'air contenu dans cet appareil était devenu bon conducteur de l'électricité. On fit la preuve que les rayons X n'apportaient pas du dehors les éléments susceptibles d'expliquer la conduction, mais que ces éléments étaient produits à l'intérieur du gaz lui-même par l'effet de la radiation.

Ce fut là un progrès qui, comme le dit M. Millikan, fut d'une importance fondamentale (1). En effet « jusque là, le seul mode d'ionisation connu était celui que l'on pouvait observer en solution et, dans ce cas, il s'agit toujours d'une molécule complexe, comme le chlorure de sodium (NaCl), par exemple, qui se sépare spontanément en deux ions, un ion sodium chargé positivement, et un ion chlore chargé négativement. L'ionisation produite dans les gaz par les rayons X était d'une espèce toute différente, puisqu'on pouvait l'observer dans des gaz comme l'azote et l'oxygène, voire même dans les gaz mono-atomiques, comme l'argon et l'hélium. Il apparut clairement, alors, que les constituants d'un atome neutre, même celui d'une substance mono-atomique devaient être de minuscules charges électriques. Nous avions ainsi la première preuve directe : 1° de la structure complexe de l'atome et 2° du fait que des charges électriques entrent dans sa constitution. Cette découverte dérivée directement de l'emploi d'un agent nouveau, les rayons X, discréditait à jamais la théorie de l'insécabilité de l'atome et inaugurait l'ère de l'étude des constituants de l'atome ».

(1) Millikan, *L'électron*, trad., p. 48.

Ayant brisé l'atome, on en étudia les parties. En employant toujours la même méthode de la déviation par un ensemble de champs électrique et magnétique, J. J. Thompson trouva dès 1897 que la particule négative, isolée dans les actions des rayons X, avait une masse plus de mille fois plus petite que celle de l'atome d'hydrogène. C'était la première détermination expérimentale de l'*électron*. Mais cette détermination se présentait encore comme impliquée dans une phénoménologie générale, puisqu'on était obligé d'opérer sur un flux d'électrons. On pouvait donc encore craindre de n'atteindre dans cette expérience qu'une propriété de groupe, qu'une simple moyenne.

Le progrès consista, une fois de plus, dans la recherche de l'expérience individualisatrice : on part toujours d'une phénoménologie d'ensemble et l'on cherche à en extraire une expérience plus particulière, qui s'adresse si possible à un cas nettement individuel. Cette tendance apparaît très clairement quand on examine par exemple les rapports de l'expérience de Townsend à celle de Millikan sur la condensation d'une vapeur saturée autour de centres électriques. On sait, en effet, que les électrons servent de noyaux à cette condensation et que la goutte de liquide constituée traduit à nos yeux la présence d'un électron. Townsend opère sur un brouillard formé d'innombrables gouttelettes condensées chacune autour d'un électron ; de la vitesse de chute de ce brouillard, il tire différentes caractéristiques sur les électrons. Millikan réussit à isoler dans le champ du microscope une seule de ces gouttelettes, puis, contrariant plus ou moins par un champ électrique l'action de la pesanteur, il diversifie les mesures qui lui livrent, avec une grande sécurité, tous les caractères matériels et électriques de l'électron. Etonnante méthode où l'on tient vraiment un atome d'électricité, un seul atome choisi entre tous ! Cet atome est sous la dépendance complète de l'expérimentateur, on l'élève ou on l'abaisse, on ralentit son mouvement ou on l'accélère, on l'immobilise tout le temps qu'on le désire. Certes, Millikan, qui a tant fait pour nous montrer la trace la plus physique, la plus prochaine de l'atome électrique, sait mieux que personne qu'on ne pourra jamais *voir* un atome et *a fortiori* une partie de l'atome, puisque la contexture de l'œil implique une grossièreté inéluctable de sa fonction. Mais du moins, dans cette expérience où le Physicien joue avec l'électron comme avec une balle, on se convainc que c'est un minimum de théorie qui reste, si l'on peut s'exprimer ainsi, adhérent à la réalité : il suffit de supposer le principe de la condensation de la vapeur autour d'un germe électrique et la goutte liquide ainsi produite devient le plus proche indice du phénomène invisible. D'ailleurs le côté électrique des expériences montre à l'évidence que ce germe est toujours constitué par une même charge.

Dans cette expérience, cause et effet sont saisis dans des individus bien séparés, autrement dit la causalité de l'électron va, non pas d'individu à foule, mais d'objet à objet, correspondance particulièrement claire puisque l'objet-effet affleure dans le monde des objets communs. L'affirmation réaliste de la charge électrique élémentaire s'en trouve accentuée. On peut vérifier en examinant une à une des gouttelettes en quantité indéfinie qu'on est en face d'une constante naturelle. Si, par la suite, on construit une moyenne pour essayer de compenser les erreurs purement expérimentales, on est du moins en état de vérifier l'aberration des nombres autour d'un fait unique bien déterminé par l'expérience.

D'une façon générale, si une telle vérification n'est pas possible, la moyenne n'est qu'une idée et c'est rarement une idée claire ; elle ne saurait être l'origine d'une étude en compréhension puisqu'elle repose uniquement sur une extension d'ailleurs plus ou moins nettement définie. Aussi, quand on compare des moyennes, on ne sait pas très précisément ce que l'on compare ; on n'est jamais sûr en particulier que l'harmonie décélée à partir des moyennes ait une racine dans la réalité.

Par contre, quelle assurance nouvelle va nous donner, pour la coordination du réel, la certitude de manier vraiment l'individu électrique ! Cette fois, la comparaison, ce sera bien une méthode *d'élimination correcte*, car cette élimination pivote sur un axe bien fixe et précis. C'est ce que M. Millikan n'oublie pas de mettre en valeur (1). « En effectuant, en effet, deux mesures de vitesse sur la même goutte, l'une avant qu'elle ait capté un ion, l'autre après cette capture, il m'était évidemment possible d'éliminer entièrement les propriétés de la goutte et celles du milieu et d'opérer sur une quantité directement proportionnelle à la charge de l'ion capturé lui-même. » L'électron se manifeste toujours par une même charge, par une même masse, double racine de sa constance. Il n'y a vraiment qu'un type d'électron ; les différents électrons que nous rencontrerons dans l'atome ne varient que par leur place et

(1) Millikan, *loc. cit.*, p 95.

leur mouvement, c'est-à-dire par des caractères extrinsèques et il est extrêmement remarquable que ces deux caractères soient frappés de relativité essentielle.

On pensera peut-être que les qualités électroniques ne sont si bien définies, si nettement isolées qu'en raison du caractère tout spécial des rayons X qui produisent l'ionisation ; autrement dit, il peut sembler que la netteté de la compréhension du concept d'électron soit due à l'extension très limitée des expériences qui conduisent à le postuler. J. J. Thompson répond à l'objection en indiquant l'extension expérimentale que prit bientôt la notion d'électron au-delà de son domaine d'origine (1). « Comme il arrive souvent en pareil cas, quand une fois (les électrons) furent mis au jour, on s'aperçut que les circonstances où l'on pouvait les rencontrer sont courantes, et on les a trouvés, en fait, dans une foule de phénomènes qui nous sont familiers. On les a mis en évidence, par exemple, autour d'un morceau de métal chauffé au rouge ; il s'en échappe en abondance du filament d'une lampe électrique ; ils se dégagent des métaux, chauds ou froids, sur lesquels se réfléchit la lumière ultra-violette ; ils sont émis spontanément par les substances radio-actives ; et Haber a décrit des expériences qui indiquent qu'ils sont mis en liberté au cours de certaines réactions chimiques. »

Le problème philosophique central de l'atomisme se pose donc ici avec une grande netteté, car il est vraiment remarquable que des processus si nombreux, agissant sur des substances si diverses arrivent à isoler un élément

(1) J. J. Thompson, *loc. cit.*, p. 14.

unique qui se présente dépourvu de toute spécificité chimique. Certes, il reste encore dans l'atome chimique, quand il a perdu un ou plusieurs électrons un noyau positif auquel on pourrait peut-être attribuer les raisons de la diversité chimique des substances. Nous verrons que ce n'est pas le cas, mais dès maintenant, il apparaît comme clair que l'analyse électronique extrait l'identique du divers, le général du particulier. Le long de cette analyse, on voit se dissoudre les différentes propriétés de la phénoménologie chimique, au fur et à mesure qu'apparaissent et croissent les caractères électriques. On peut dire qu'on assiste à une stratification du phénomène dont les plans d'apparence sont ainsi clairement séparés. Au-dessous du jeu des qualités multiples et mêlées qui constituent notre phénomène immédiat et que touche encore le phénomène de la science chimique usuelle, on décèle dans les expériences de chimie électrique une qualité profonde. Cette qualité se révèle d'une totale uniformité, elle est propre à constituer un phénomène en quelque sorte instrumental et schématique éminemment pénétrable à la raison.

Au surplus, du fait même que l'électron est expérimentalement identique à lui-même, on peut dire qu'il est l'unité de la matière dans les deux sens du terme : en premier lieu, toute expérience de diversification s'arrête devant l'électron comme devant un seuil unique ; en deuxième lieu, puisqu'on n'arrive pas à différencier les électrons, ils sont susceptibles de jouer le rôle d'une véritable unité arithmétique. En d'autres termes, l'électron est une unité concrète si parfaite, qu'il est éminemment propre à servir d'unité abstraite sans qu'on risque cependant de perdre, par une abstraction plus ou moins régulière, au début même de la recherche, un caractère du réel. De toute évidence, la diversité n'a pas sa racine au delà de l'électron, mais elle la trouve en deçà, dans une fonction du mouvement et de l'arrangement des électrons. Quant à l'électron lui-même, outre sa charge et sa masse, d'ailleurs semblables pour tous les électrons, il n'a vraiment pas d'individualité. Ainsi quand on viendra à lui attribuer une rotation autour d'un de ses axes, cette rotation sera vraiment unique, tous les électrons auront, au sens près, le même « spin », le même moment de rotation.

Ce caractère de pauvreté qualitative, cette identité parfaite des divers électrons, cette faiblesse de l'action individualisante, voilà peut-être autant d'éléments susceptibles de troubler, en fin de conquête, l'assurance réaliste d'une philosophie qui s'appuierait sur les découvertes électroniques. En effet, avec l'électron, l'explication scientifique a pour ainsi dire *dépassé le réalisme*, en ce sens qu'elle a assimilé le réel au rationnel. Par essence, le réalisme philosophique nie la rationalité de son objet. Et voici une science qui géométrise l'objet, qui le traite comme élément toujours et partout identique, parfait comme une abstraction. Elle le reprend de prime abord, comme une pièce d'une construction idéale ; cet objet, ce ne sera bientôt plus que le point d'une épure.

On peut d'ailleurs se rendre compte que le postulat métaphysique qui relie d'habitude la substance à l'attribut perd son sens en ce qui concerne l'électron. En effet, nous ne pouvons plus désormais nous contenter d'expliquer la qualité en la transportant toute faite sur l'élément qui sert à la composition, puisqu'on a fait la preuve positive que l'élément n'a que faire de cette qualité phénoménale. C'est en cela que la science contemporaine prend une direction entièrement nouvelle : *elle démontre, en quelque sorte, le caractère essentiellement secondaire et dérivé des qualités chimiques.* Il est même insuffisant de dire que les théories électroniques de la matière réduisent toutes les qualités à la qualité électrique, car l'électron réclame, comme nous l'indiquerons, une doctrine électrique vraiment particulière, en rupture avec les lois usuelles de l'électricité massive. Et cela, en deux sens : ou bien l'on restera dans un modèle statique et il faudra changer la loi de force des attractions électriques ou bien l'on acceptera les modèles cinétiques et il faudra postuler, contre l'expérience usuelle, des orbites sans rayonnement. Il faut donc bien avouer qu'il s'agit, dans les problèmes de l'électron, d'une autre électricité que l'électricité de Coulomb, d'Ampère et de Faraday. *La qualité électrique qui affleure dans la phénoménologie usuelle réclame donc au fond, comme les autres qualités, une véritable construction à partir des déterminations électroniques.*

Notre tâche s'est donc entièrement transformée. Jusqu'ici c'était la recherche de l'identique dans le divers que nous nous efforcions de dégager. Nous devons maintenant tenter d'expliquer comment la diversité peut naître à partir d'éléments identiques.

D'où provient la fécondité de l'organisation électronique ? Pour organiser des éléments sans caractères distinctifs, on ne peut guère avoir recours qu'au nombre, à l'espace ou au mouvement. Mais, à lui seul, le nombre est manifestement insuffisant, car l'électron n'est pas un élément dépourvu de propriétés spatiales. Il agit à distance sur l'électron voisin ; il est donc, par nature, engagé dans une géométrisation du réel. Dès le début, on se trouve ainsi en face d'une double voie : on peut tenter de fonder une organisation spatiale et on arrive à des types essentiellement géométriques — on peut aussi s'appuyer sur des caractères mécaniques et on arrive alors à des types cinétiques. Enfin un effort de synthèse essaiera de fondre les deux représentations géométriques et mécaniques ; on aboutira dans ce cas à des types quantiques qui sont ainsi les modèles où se prépare l'harmonie la plus compréhensive.

Nous nous proposons d'étudier, en nous bornant bien entendu aux principes essentiels, cette tâche d'harmonie progressive. Nous devons donc rappeler pour cela les modèles les plus célèbres dans l'ordre spatial, dans l'ordre cinétique, dans l'ordre quantique.

Mais une observation préalable doit être présentée : en effet, on est de prime abord frappé par le fait qu'à partir de la plupart de ces modèles, on n'arrive pas à rejoindre logiquement les lois de la phénoménologie ; autrement dit, on accepte délibérément que l'infiniment petit ait des lois qui diffèrent des lois du phénomène à notre niveau. Cela ne va pas sans soulever les scrupules des savants de laboratoire. M. Urbain fait à plusieurs reprises des réserves expresses. « Il n'est pas moins vrai, dit-il (1), que les théories physiques, avec de telles hypothèses, s'engagent dans une voie nouvelle, car antérieurement les modèles étaient astreints à obéir

(1) Urbain, *Les notions fondamentales d'élément chimique et d'atome*, p. 115.

strictement aux lois du monde sensible. Mais alors que les hypothèses les plus contraires aux lois naturelles peuvent être désormais admises, il devient évident qu'elles cessent d'être des explications clairement compréhensibles. Il s'agit moins, semble-t-il, de déterminer les lois du monde que l'expérience met directement à notre portée, lois que A. Comte appelait les lois positives, que de deviner celles plus ou moins probables qui sont applicables au monde caché. » Toute une philosophie de l'empirisme est implicite dans ce jugement de M. Urbain et avant de dégager cette philosophie avec sécurité, il faudrait avoir répondu à bien des questions qui sont autant d'objections : Par exemple, va-t-il vraiment de soi que notre intelligence doive partir de l'expérience usuelle pour comprendre toute l'expérience ? Les lois naturelles sont-elles aussi catégoriques que le veut M. Urbain ; commandent-elles à tous les niveaux ; ne sont-elles pas des résultantes, des moyennes, des simplifications ? Ne rentrent-elles pas, au même titre que les explications atomiques, dans un corps d'hypothèses, sans doute d'autant plus facilement admises qu'elles sont plus familières, mais dont la nécessité ne se fonde pas *a priori* ? C'est ce que notre développement essaiera d'éclaircir en insistant, à propos de tous les modèles examinés, à la fois sur l'effort de conciliation et sur la nécessité qui conduit cette conciliation.

Prenons d'abord l'atome statique de J. J. Thompson et essayons de montrer les difficultés que ce modèle soulève. Avant tout, on reconnaît que dans un tel atome doivent se trouver en présence d'une part des corpuscules chargés d'électricité positive, et, d'autre part, des corpuscules chargés d'électricité négative. Or on sait, depuis Coulomb, que des charges de noms contraires s'attirent en raison inverse du carré de la distance. Aux distances inter-atomiques qui sont très petites, la force d'attraction doit être énorme. Les charges doivent donc venir au contact et peut-être se perdre à jamais l'une dans l'autre en une neutralisation définitive. Ainsi d'une part on est amené à accepter la coexistence de corpuscules chargés en sens inverse et d'autre part, on ne voit pas comment cette coexistence serait autre chose qu'une coïncidence, comment aussi ce contact intime pourrait jamais être rompu puisqu'une séparation des corpuscules réclamerait une force infinie. On saisit bien, en rapprochant les deux aspects de l'hypothèse, une contradiction insupportable.

Mais, à y regarder de plus près, on s'aperçoit que nos deux prémisses expérimentales n'ont pas été vérifiées dans un même plan. Elles ne relèvent pas du même ordre expérimental. En effet, la loi de Coulomb n'a fait l'objet que de vérifications macroscopiques et, au contraire, la coexistence dans le noyau atomique des corpuscules chargés d'électricités opposées est un fait d'ordre pour ainsi dire infinitésimal. Cette simple remarque tend déjà à émousser la contradiction. Il faut cependant qu'on rétablisse entièrement, au prix de certaines compromissions, la convergence des hypothèses. De quel côté doit-on faire un sacrifice ?

C'est peut-être un des traits les plus caractéristiques de la Physique nouvelle qu'elle abandonne presque systématiquement tout ce que l'expérience usuelle vérifie pour suivre les inspirations prises dans l'ordre infinitésimal. C'est dans cet esprit que J. J. Thompson modifie délibérément la loi de Coulomb lorsqu'il s'agit de l'action mutuelle d'un électron et du noyau positif : il ajoute, à la force attractive de Coulomb, une force répulsive. La première continue à agir en raison inverse du carré de la distance, la deuxième se développe en raison inverse du cube de la distance. Par ce jeu algébrique, renouvelé de Boscovich, aux grandes distances, il ne subsiste guère que l'attraction et les expériences de Coulomb restent sauves ; aux petites distances, c'est la répulsion qui prédomine et qui interdit le contact des corpuscules. La zone de passage est déterminée par un coefficient numérique qui se présente ainsi comme la trace ultime du caractère empirique de notre construction.

Sans doute, cet artifice algébrique peut paraître bien rapide. Rien ne s'opposerait à ce qu'on essayât d'autres lois. Avec d'autres puissances de la distance, on pourrait peut-être se rendre compte du véritable ordre infinitésimal de la réversion causale et fixer plus précisément l'endroit où l'attraction se transforme en répulsion. Mais l'ébauche de J. J. Thompson ne réclame pas une telle précision, elle ne tend qu'à répondre à l'objection que rencontrait de prime abord un modèle statique. D'ailleurs l'adjonction d'une loi supplémentaire à la loi de Coulomb semble, en tout état de cause, indispensable. « Il est, dit J. J. Thompson (1), nécessaire d'introduire une loi physique nouvelle quelconque, dans laquelle intervient directement ou indirectement une longueur de cet ordre (10^{-8} centimètres) pour établir n'importe quelle théorie de la structure de l'atome. Nous

1) J. J. Thompson, *L'électron en chimie*, trad., p. 5.

ne pourrions en édifier aucune si tout ce que nous savons de l'action des charges électriques se bornait à connaître qu'elles se repoussent ou s'attirent en raison inverse du carré de la distance. Cette hypothèse ne met en effet à notre disposition que deux quantités, la masse de l'électron et sa charge et ne nous fournit pas les trois unités d'espace, masse et temps nécessaires pour une théorie physique quelconque. » Cette remarque mérite la grande attention du philosophe puisqu'elle touche aux conditions nécessaires et suffisantes de la doctrine des atomes. Il en résulte qu'une base purement newtonienne doit paraître trop étroite si elle prétend fournir une fois pour toutes une règle pour les atomes des différents types. En fait, J. J. Thompson introduit une constante spéciale à chaque type. Il accepte ainsi un élément empirique dans le principe même de la construction. C'est à de tels instants de l'évolution scientifique qu'on sent le mieux le besoin d'une conciliation harmonique. L'empirisme dispersé tel qu'il résulte d'une supposition valable seulement pour chaque type manque de cohérence rationnelle. A partir des modèles d'atomes de J. J. Thompson, il faudra en venir à lier les constantes spéciales à chaque type dans une loi générale pour avoir vraiment une explication harmonique.

Mais il n'est pas temps encore d'approfondir cet aspect philosophique du problème. Nous n'avons ici qu'à marquer le point précis où le philosophe devra attacher son attention pour saisir à son début le processus d'élimination de l'empirisme.

La ligne d'évolution de la pensée de J. J. Thompson, conduit d'ailleurs tout naturellement à envisager des atomes à un nombre croissant d'électrons. Mais en considérant des atomes à un nombre de plus en plus grand d'électrons, dans les hypothèses de J. J. Thompson, on arrive à un moment où l'on ne peut plus disposer tous les électrons aux sommets d'un polyèdre. On démontre en effet qu'en admettant la loi de force rappelée ci-dessus, on peut placer jusqu'à huit électrons symétriquement et à la même distance du centre. Mais lorsque leur nombre dépasse huit, un arrangement à une distance uniforme n'est possible que si l'on sacrifie ou bien la loi de la puissance inverse du cube, ou bien l'égalité de charge du noyau positif et de la somme des électricités négatives des électrons. Autrement dit, pour maintenir 9 électrons de charge individuelle e, il faudrait, dans l'hypothèse de la répulsion en raison inverse du cube de la distance, une charge positive plus grande que $9 \times e$. Mais alors l'atome ne serait plus électriquement neutre dans son état normal. Ainsi les conditions électriques viennent compliquer subitement les caractères géométriques de la construction. On concilie le tout en envisageant, à partir du neuvième électron, une ceinture nouvelle d'électrons placés à une distance plus grande. Cette deuxième ceinture se développera suivant les mêmes règles que la première et ce développement aura lieu jusqu'au seizième électron inclus, au delà duquel on se retrouvera en face du même problème. Avec le dix-septième commencera donc nécessairement une troisième ceinture. Il est très remarquable que la construction se poursuive, à certains égards, par voie de nécessité.

Si maintenant on admet que les propriétés chimiques dépendent de la couche externe de l'atome, on s'explique la périodicité de ces propriétés sur le rythme de huit éléments. C'est là une conclusion que nous trouverons dans d'autres doctrines. Mais on voit ici combien elle est cohérente avec les principes mêmes de la construction. On peut dire que la déduction de J. J. Thompson détermine pour la première fois une racine mathématique de la loi de Mendéléeff.

A vrai dire, l'impossibilité de grouper dans un même atome neutre un nombre d'électrons plus grand que huit à la même distance du noyau ne conduit pas à un modèle absolument déterminé. « Il y a en général (1) plus d'une façon de disposer les électrons en équilibre stable, bien que l'un des arrangements particuliers puisse présenter le minimum absolu d'énergie potentielle ; le calcul montre toutefois que dans certains cas la différence d'énergie potentielle entre une configuration et certaines autres est excessivement faible et que des causes extérieures peuvent faire pencher la balance en faveur de l'une ou de l'autre. Si ces configurations ont des nombres d'électrons différents dans leur couche externe, il y correspondra des formes ayant des *valences* différentes et nous pourrons ainsi chercher dans cette direction une explication des valences variables présentées par quelques éléments. » Les conditions de stabilité, dès que cette stabilité a des éléments multiples, sont parmi les plus difficiles à approfondir. D'une manière générale, il semble que dans le problème de la stabilité convergent des conditions nécessaires et des conditions suffisantes ; c'est peut-être par ce biais qu'on aura une sorte de mesure de la possibilité des phénomènes. Quoi

(1) J. J. Thompson, *loc. cit.*, p. 11.

qu'il en soit de cet aspect philosophique de la question, on voit que, sur le problème qui nous occupe, l'hypothèse de J. J. Thompson, tout en se développant sur des lignes de déduction où la nécessité est très claire, laisse subsister une souplesse suffisante pour faire face à la diversité qui subsiste dans la classification par valences.

Alors que d'autres modèles cherchent leur consécration dans le domaine des spectres lumineux et sont amenés à mettre l'accent sur le caractère interne et individuel de l'atome, la valeur d'harmonie du modèle de J. J. Thompson apparaît plutôt dans l'explication stéréochimique des corps composés, en éclairant les relations que les atomes des substances différentes ont entre eux. A cet égard, c'est vraiment un *atome chimique* au sens daltonien. On comprendra que nous insistions un peu sur cette construction de la valence.

Dès sa première ébauche, en 1914, J. J. Thompson avait construit une théorie de la valence qui mettait en évidence la période de huit éléments. M. Marcel Boll, dans une conférence aussi claire que riche, résume cette théorie en prenant l'exemple du soufre. Le principe fondamental de la valence, c'est la constitution de couronnes à huit électrons. Or, on est amené à attribuer au soufre une couronne de six électrons superficiels. Par conséquent, dans ses relations avec les autres corps, le soufre aura tendance à s'adjoindre deux électrons pour constituer une couronne complète de huit électrons. Le soufre pourra d'ailleurs fonctionner de deux façons différentes suivant qu'il complète sa couronne en fixant 2 atomes renfermant chacun un électron superficiel ou suivant que ses propres électrons iront compléter à huit 6 atomes d'un autre corps auquel il manque un électron.

Dans le premier cas (combinaison du soufre et du sodium) le soufre fonctionnera comme électronégatif avec la valence deux. Dans le deuxième cas (combinaison du soufre et du fluor) le soufre fonctionnera comme électropositif avec la valence six. « Bref, conclut M. Boll, (1) un élément aurait ainsi deux valences : une valence négative due à sa tendance à compléter le nombre de ses électrons de valence jusqu'à huit et une valence positive provenant de sa tendance opposée à se séparer de ses électrons en excédent. On retrouverait ainsi une ancienne théorie d'Abbegg, suivant laquelle la somme des valences contraires (valence et contravalence) est généralement égale à huit. »

On se rend donc bien compte de ce qui détermine et de ce qui mesure les caractères complémentaires de certains couples d'atomes ; autrement dit, on trouve dans cette intuition une explication numérique de l'affinité chimique.

Jusque là, cette affinité s'exprimait toujours, après quelques détours, dans le langage de la qualité, elle tombait même sous l'objection d'invoquer une qualité occulte. Ainsi Berzélius avait bien entrepris d'établir une théorie électrique de la valence ; mais au moindre embarras, on revenait à une conception de la valence comme force spécifique, le caractère électrique étant alors pris comme le simple phénomène de ces forces cachées. C'est ce qu'indique M. Kossel (2) : « on regardait... la présence de charges électrochimiques comme un fait accessoire accompagnant l'action de la valence dans le do-

(1) Marcel Boll, *L'électron et les phénomènes chimiques*, 1919, p. 6.
(2) Kossel, *Les forces de Valence...*, trad., 1922, p. 3.

maine inorganique ; on admettait en quelque sorte que les forces de valence étaient occasionnellement capables de lier des charges électriques à d'autres atomes, de même qu'elles liaient les atomes entre eux ; mais on prêtait à la notion de valence un caractère entièrement *sui generis* absolument étranger à l'électricité. » En somme, une des raisons philosophiques de l'échec de Berzélius provient sans doute de cette fausse clarté du réalisme paresseux qui croit toujours pouvoir accepter pour tout phénomène une racine spécifique dans la matière.

D'ailleurs en restant sur le terrain chimique, sans égard pour l'état des connaissances électriques dans la première moitié du XIXe siècle, il apparaît que l'effort de Berzélius sur le problème de la valence était prématuré. A l'époque de Berzélius, on ne connaissait que 54 corps simples. On était porté à donner plus d'importance dans la recherche à des corps mieux connus et cela s'explique sans peine : « Il est compréhensible historiquement, continue M. Kossel que la constitution d'un élément passe en modèle, lorsqu'elle paraît claire, tant que la conception unitaire de la totalité des éléments n'a pas progressé. » Mais il n'en va pas de même quand le plan général est tracé. *Le modèle est alors un exemple pris au hasard et l'on doit faire la preuve qu'il n'a rien d'exceptionnel si l'on veut qu'il illustre correctement la règle.* Actuellement avec les valences multiples de certains des 92 éléments, c'est environ 200 valences que nous connaissons. La théorie générale de la valence doit donner le même poids aux 200 cas connus. Là encore, il faut passer de la substance aux substances, prendre une vue générale pour bien comprendre le cas particulier. Autrement dit, le cas particulier n'instruit pas, il pose un problème. Dès lors, on voit bien que l'intuition la moins féconde est celle qui conduit à attribuer une signification *sui generis* à la valence d'un corps.

Si une doctrine de la valence est susceptible de servir de base à la connaissance des diverses propriétés chimiques, on voit s'accentuer le conflit entre une théorie de la qualité-attribut et une théorie de la qualité-rapport. Par l'intermédiaire de la valence, les propriétés chimiques apparaissent comme une série de relations et elles ne se précisent et ne se comprennent bien qu'en fonction de l'ensemble des corps simples.

C'est donc dans une étude de la totalité des corps que cette très ancienne notion d'affinité trouve le principe de sa mesure. Les tableaux de M. Kossel mettent d'ailleurs en évidence les périodes de Mendéléeff. Nous devons remarquer une fois de plus que la période de Mendéléeff est la trace phénoménologique de l'affinité comprise dans son caractère complémentaire.

CHAPITRE XI

LE MODÈLE CINÉTIQUE. SA VALEUR AXIOMATIQUE.

Le modèle cinétique a choisi une autre voie pour échapper à la difficulté initiale rencontrée par toute conception électrique de l'atome. La question — on se le rappelle — se présente en ces termes : comment concilier l'attraction des corpuscules chargés d'électricités de noms contraires avec leur maintien à une distance déterminée et très petite, au sein de l'atome ? Si nous acceptons un modèle cinétique, nous allons avoir à notre disposition des forces centrifuges qui pourront peut-être équilibrer l'attraction électrique. Nous n'aurons plus alors à rectifier la loi de Coulomb qui vaudra aux petites distances comme aux grandes.

Examinons d'abord l'ensemble des conditions expérimentales que satisfait le modèle cinétique et prenons pour cela l'exemple classique de l'atome de Rutherford.

L'expérience qui sert de point de départ est l'étude des trajectoires des rayons α expulsés par le radium quand ces trajectoires traversent différents milieux. Le fait qu'un grand nombre de particules α traversent sans aucune déviation des pellicules métalliques de plusieurs centièmes de millimètre d'épaisseur prouve d'abord le caractère lacunaire des atomes. En effet, connaissant les dimensions des atomes et leur nombre par millimètre cube de matière, on est amené à conclure que les particules α ne passent pas uniquement dans les interstices qui séparent les atomes mais que ces particules traversent sans le moindre obstacle, le domaine atomique lui-même. A la suite de cette simple expérience, on ne peut plus attribuer à l'atome le caractère compact si naturel dans l'hypothèse primitive de l'atome indivisible. Cette expérience marque donc un moment décisif de l'évolution des idées atomistiques.

Cependant on ne tarde pas à remarquer en examinant de plus près cette expérience qu'un petit nombre de particules α sont brusquement déviées de la ligne droite par leur passage à travers les pellicules les plus minces. Avec un jeu d'hypothèses très simples, les déviations mesurées au spinthariscope fournissent la répartition des charges positives et négatives à l'intérieur de l'atome.

C'est alors qu'on a été conduit à une découverte extrêmement importante : on a acquis la conviction que la charge positive du noyau était exactement représentée par le *nombre atomique*. Cette notion de nombre atomique dont nous avons vu le rôle se multiplier dans la chimie contemporaine trouvait ici un sens résolument expérimental. Cette notion passait en vérité de la valeur simplement ordinale à la valeur cardinale et déterminait enfin complètement la claire arithmétisation de la classification périodique.

Ce sens cardinal apparaît nettement dans une expérience nouvelle qui permet de diminuer artificiellement le nombre atomique. On réalise ainsi une véritable soustraction substantielle. En effet, dans la désintégration radio-active, l'émission d'une particule α emporte deux charges élémentaires d'électricité positive. Elle entraîne donc une diminution de deux unités dans le nombre atomique et l'atome nouveau qui a perdu une particule α rétrograde de deux divisions le long du tableau de Mendéléeff à partir de l'atome primitif. Un déplacement en sens inverse, mais d'une seule unité, accompagne l'émission d'une particule β. En effet, cette particule étant constituée par une charge élémentaire négative, son départ augmente d'une unité la charge positive apparente du noyau. L'atome nouveau prend alors les caractères de l'atome voisin immédiatement supérieur. On voit donc que les transmutations modernes suivent docilement l'échelle atomique et se font d'accord avec une véritable numération matérielle : c'est l'ordre de Mendéléeff qui fixe l'arithmétique de la transmutation.

D'autre part, puisque l'atome normal est neutre, le nombre des électrons négatifs qui circulent autour du noyau doit être rigoureusement égal au nombre des charges positives de ce noyau. Le nombre des électrons périphériques d'un atome représente donc une réplique du nombre atomique.

Bien entendu quand nous avons parlé de la charge positive du noyau, il ne pouvait s'agir que d'une charge apparente. L'étude des trajectoires de corpuscules α ne peut nous renseigner sur la charge réelle. Il peut fort bien y avoir, dans le noyau même, des électrons négatifs qui masqueront une quantité positive équivalente. C'est à la faveur de cette remarque qu'on trouvera pour l'isotopie une explication cohérente à nos hypothèses. « On conçoit, en effet, dit M. Berthoud, (1) que deux noyaux atomiques peuvent avoir la même charge posi-

1) Berthoud, *La constitution des atomes*, p. 65.

tive, entraînant l'identité des propriétés des atomes, mais des masses différentes. Si, par exemple, le noyau contient 20 électrons positifs et 10 électrons négatifs (néon) ou bien, 22 électrons positifs et 12 négatifs (métanéon), sa charge apparente est la même, tandis que sa masse est 20 dans le premier cas et 22 dans le deuxième. Les deux atomes, en raison de l'égalité de la charge apparente, ont les mêmes propriétés, malgré leurs poids atomiques différents et représentent deux isotopes. Il est clair aussi que l'identité de deux isotopes ne doit pas s'étendre aux propriétés qui dépendent de la constitution du noyau. On conçoit qu'ils n'aient pas la même stabilité et on sait qu'ils diffèrent effectivement à cet égard ; les éléments radioactifs d'une même pléiade se distinguent par la vitesse de leur désintégration et souvent aussi par la nature des rayons qu'ils émettent. »

C'est là un stade remarquable de la conciliation des phénomènes les plus divers. Du même coup, en suivant une seule et même doctrine, on analyse, on classe, on coordonne. On distingue les isotopes tout en rendant raison de leur similitude chimique. On sépare les deux ordres phénoménaux de la radioactivité et de la chimie, tout en laissant subsister, par la loi des déplacements de Soddy et Fajans, des voies susceptibles de les relier.

Mais l'explication d'abord facilitée par le schéma de Rutherford vient soudain se heurter à un obstacle qui doit sembler insurmontable. Une fois de plus, il nous apparaît que l'explication n'est qu'un point de vue. On va même voir la difficulté naître en quelque sorte du succès de la théorie. On ne pourra pallier la difficulté qu'en modifiant l'explication dans son principe.

De prime abord, ce qui faisait la valeur du schéma de Rutherford, c'est qu'il solidarisait les caractères électriques et chimiques de l'atome. Mais par cela même, bien des questions nouvelles, d'origine électrique, vont être posées aux doctrines atomistiques. Ainsi, dès qu'on postule que l'électron tourne avec une rapidité prodigieuse autour du noyau, on doit conclure que l'électron émet des ondes électromagnétiques. Déduction qui semble d'abord extrêmement heureuse puisqu'elle pourrait peut-être expliquer les différents rayonnements qui caractérisent les atomes des diverses substances. Cependant comment les électrons vont-ils réagir à la perte d'énergie qu'ils éprouvent du fait même du rayonnement ? Comment travailler à l'extérieur sans s'user à l'intérieur ? Ce ne peut être qu'en diminuant de force-vive, en diminuant de vitesse que les électrons vont agir sur l'éther. Ils vont donc se rapprocher du noyau. Du même coup, la période de la vibration doit changer et comme la chute sur le noyau est évidemment continue, la variation de la vibration doit également être continue. Autant dire que le spectre d'émission d'une flamme où brûle un corps simple doit présenter des échantillons de toutes les fréquences car elle contient évidemment des atomes de n'importe quelle orbite. Ce spectre devrait donc être continu. Or l'expérience contredit, sans discussion possible, cette dernière conclusion. Voilà donc la déduction brisée à son terme.

Ainsi nous nous retrouvons devant un dilemme. En vain nous avons voulu l'éluder, nous n'avons fait que retarder le conflit. Abordons le donc nettement : ou bien il faut renoncer à l'atome cinétique, ou bien il faut soustraire le mouvement de l'électron aux règles de l'électrodynamique classique. Mais la dérogation à des lois si nettement inscrites dans l'expérience donne une impression de désharmonie qu'il sera bien difficile d'effacer. On ne peut l'accepter sans de très fortes raisons.

En somme qu'exige-t-on ? Il faudrait admettre que l'électron, en décrivant une orbite fermée, ne rayonne pas. Postulat physique aussi gros de conséquences et aussi audacieux que le postulat par lequel la géométrie de Lobatchewski contredit la géométrie d'Euclide. En fait, par une telle négation, on est conduit à une physique non-maxwellienne, à peu près de la même façon qu'on a été amené à fonder la géométrie non-euclidienne. Il y a toutefois une différence : alors qu'en géométrie le domaine de la définition *a priori* s'ouvre aussi facilement aux deux perspectives des constructions divergentes, en physique, les deux termes du dilemme ne jouent ni au même niveau, ni sur le même type de réalité.

En physique, c'est l'infiniment petit qui contredit l'expérience commune, c'est le spontané qui réclame des lois spéciales divergeant nettement des phénomènes enregistrés par nos instruments, phénomènes peut-être moins libres en ce sens qu'ils sont solidaires du morcelage imposé par notre technique. Sans doute, à faire abstraction de l'ordre de grandeur, les expériences de convection électrique, qu'elles soient provoquées ou naturelles, instrumentales ou spontanées, paraissent toutes bien semblables ; en particulier, dans l'expérience de Rowland qui consiste à donner un mouvement de rotation rapide à une roue dont un secteur est chargé d'électricité, on détermine, d'une manière péremptoire, des phénomènes d'induction dans un circuit voisin. Et maintenant, à l'encontre d'une expérience si nette, nous devrions supposer que le mouvement réalisé naturellement par l'électron sur son orbite n'aura aucun effet inducteur ! Ou encore, pour caractériser autrement le conflit, il faudrait admettre la double conclusion suivante : alors que le mouvement *forcé* d'une charge électrique dérange et suscite l'éther qui réagit et emprunte de l'énergie à la cause perturbante, le mouvement libre et naturel est entièrement indépendant de la réaction de l'éther et persiste, de ce fait même, sans usure !

On objectera qu'il est bien téméraire de supposer dans le microcosme, sans les y vérifier, des lois qui dérogent aux lois générales livrées par l'expérience, et ce qui étonnera peut-être davantage le philosophe, c'est que n'intervienne, dans la Physique contemporaine, pour ainsi dire aucune discussion épistémologique sur cette soudaine rupture dans des expériences posées comme primordiales. Cette tolérance agnostique nous semble trop rapide. Là comme ailleurs, l'effort du philosophe doit préparer les voies à une tolérance plus solide, plus instruite.

D'abord on peut répondre à l'objection qui prétend s'appuyer sur une expérience *générale*. L'expression *générale* est ici vraiment trompeuse puisque l'expérience ne descend jamais effectivement jusqu'au microcosme. En réalité, il s'agit de deux mondes ent èrement séparés : à ordre de grandeur nouveau, principes nouveaux. Nous ne sommes liés par aucune obligation expérimentale devant une extrapolation d'une telle portée.

D'autre part, on ne peut manquer d'être frappé du fait que les modèles d'atomes les plus différents finissent toujours par rencontrer la même nécessité : dans une voie ou dans l'autre, il faut toujours modifier les lois coutumières quand on veut les appliquer au monde atomique. On en vient à corriger la loi de Coulomb dans les modèles statiques ; de même, on contredit les lois de Maxwell dans les modèles dynamiques. Cette dernière divergence n'est pas en soi plus difficile à admettre que la première.

D'ailleurs, il s'agit moins d'hypothèses explicatives que de postulats. Devant l'infiniment petit de la matière, nous sommes en face d'un monde inconnu ou mieux d'un monde limite qu'on postule plutôt qu'on ne le découvre. Notre raison, en l'abordant, doit se méfier des formes expérimentales acquises dans l'usage quotidien.Comment mieux se garder du préjugé, comment avoir le plus de chance de conserver la disponibilité spirituelle qu'en fixant d'abord une axiomatique très large et très complète et en considérant systématiquement la théorie physique comme une construction issue d'un corps d'hypothèses où tout, même l'expérience sûre, est placée à nouveau sous le couvert d'une supposition ?

Ces hypothèses généralisées donnent à la Physique contemporaine un caractère essentiellement nouveau. Elles ne sont en effet aucunement figuratives. Dans la lutte entre la théorie de l'émission de la lumière et la théorie des ondulations lumineuses de l'éther, on sentait la présence de deux images différentes qui s'offraient, chacune de leur point de vue, pour coordonner l'ensemble des phénomènes. Ces images étaient à elles seules un motif d'explication. A la base de la théorie atomique de Bohr, on trouvera, au contraire, un ensemble vraiment décousu de suppositions. Aucune image pour les relier. Et même, on vise plutôt à réserver l'indépendance des postulats qu'à en assurer ou en préparer la cohérence. Si une coordination apparaît par la suite, elle sera l'œuvre d'une véritable construction conduite avec une force synthétique évidente.

Ce n'est pas en suivant une méthode si nettement constructive qu'on peut craindre que la recherche tourne dans un cercle. Il ne s'agit pas en effet d'une harmonie qui serait la simple conséquence mise à jour par la déduction, d'une unité préétablie dans l'image première. On est parti de propositions bien isolées, bien indépendantes. On accepte même de rompre avec la coordination si serrée des grandes doctrines de l'électrodynamique et de la mécanique classiques, ou plutôt, on s'accorde le droit de prendre certaines parties de ces doctrines et d'en abandonner d'autres. L'harmonie constituée par la construction trouve donc toute sa force, toute sa clarté, dans son développement entièrement rationnel.

Plaçons-nous alors en face du domaine hypothétique de la nouvelle atomistique. Prenons, par exemple, le tableau des postulats donné par M. Berthoud (1) :

« 1° Un électron qui décrit un cercle (ou une ellipse) autour du noyau n'émet pas d'énergie rayonnante, contrairement à ce que laisse prévoir l'électrodynamique classique.

« 2° Les conditions de l'équilibre dynamique d'un électron décrivant une orbite circulaire sont déterminées par les lois de la mécanique classique.

« 3° Un électron ne peut décrire que certaines orbites de rayons déterminés. Si aucune force extérieure n'intervient, il parcourt indéfiniment le même cercle. Il ne

(1) Berthoud, *loc. cit.*, p. 83.

peut sortir de son orbite que sous l'action d'une force étrangère ; il passe alors directement sur un autre cercle de stabilité.

« 4° L'énergie rayonnante émise quand un électron passe d'une orbite sur une autre est monochromatique ou, en d'autres termes, possède une longueur d'onde déterminée. »

Nous avons déjà remarqué tout ce qu il y a d'audacieux dans le premier postulat. C'est une supposition entièrement gratuite qu'aucune expérience, qu'aucune analogie expérimentale ne soutient *a priori*. Bien mieux, il semble qu'on abandonne ici tout principe de solidarité phénoménale par lequel un phénomène unique expliquait du même coup tous ses caractères, On voit bien qu'il apparaît, avec Bohr, une philosophie de l'expérience toute nouvelle. Cette philosophie se légitime en peu de mots : puisque les solidarités manifestées par l'expérience à notre niveau sont sans doute de simples portraits composites enregistrés par des appareils hétéroclites, les traits du phénomène microscopique doivent être posés comme des traits *indépendants*. En particulier, rien ne dit que la construction du rayonnement externe et la description atomique doivent se dérouler parallèlement. On doit reconnaître là la pensée dominante de toute axiomatique.

Une rupture non moins grave se présente quand on passe du deuxième au troisième postulat. A-t-on vraiment le droit d'employer la mécanique classique dans le deuxième postulat et d'en nier un caractère dans le troisième ? Au fond, il faut voir là un véritable bouleversement de l'ordre notionnel : alors que la mécanique classique pose les lois de force, les lois d'échange énergétique et *déduit* la stabilité, on pose ici la stabilité et on essaie par la suite d'en déduire les lois des échanges énergétiques. Sans doute, bien souvent on avait donné la stabilité comme une preuve de réalité ; mais c'était alors une preuve surnuméraire et il fallait toujours que cette stabilité fût démontrée, jamais simplement postulée. Ce changement dans l'ordre des concepts trouble naturellement la signification des concepts, preuve que les concepts ne sont jamais des substituts des choses mais bien des fonctions théoriques qui ont un sens dans la mesure où ils ont un rôle. Aussi, on a pu soutenir que la stabilité ainsi posée en dehors de tout problème d'équilibre n'était plus un concept adéquat : « La distinction entre états stables et instables, dit M. N. R. Campbell, (1) est totalement étrangère à la théorie de Bohr, et il n'est nullement certain que tous les états correspondant aux termes soient réellement stables selon la mécanique classique. » On va mieux comprendre cette objection quand nous aurons commenté le quatrième postulat.

Le quatrième postulat coupe court, comme un décret, à l'analyse du processus continu par lequel l'électron passerait d'une orbite à une autre. On a coutume de dire que l'électron effectue alors un saut, sans examiner la trajectoire ni la durée de ce saut. Le caractère continu du passage est ainsi comme subtilisé et la discontinuité que présentent entre elles les deux orbites stables de départ et d'arrivée est accentuée. Elle est nettement désignée par le rôle particulier de ces orbites. C'est cette discontinuité qui devra rendre compte du caractère discontinu des spectres. On rattachera le phénomène du rayonnement non pas au saut de l'électron mais

(1) CAMPBELL, *Théorie quantique des spectres*, trad., Corvisy, 1924, p. 25.

aux seules limites de ce saut et ce seront les niveaux d'énergie caractéristiques des orbites « stables » qui détermineront la fréquence de l'oscillation de l'éther engendrée par la modification soudaine et vraiment paradoxale d'un équilibre stable.

Au fond, si l'on veut bien, comme il convient dans une science qui se formule axiomatiquement, juger des phénomènes par les seules pensées que nous en prenons, il faut essayer d'anéantir tout ce qui ne joue pas de rôle dans notre construction. La discontinuité des états atomiques doit être posée alors comme absolue. Les orbites de Bohr sont séparées par un *néant* énergétique ; il devient tout à fait gratuit, sinon incorrect, de prétendre réunir par l'espace ce qui est posé comme des réalités bien distinctes dans le mode de l'énergie. Comme le dit nettement M. Campbell (1) « Quand un système change de *a* à *b* d'une façon discontinue, il n'y a rien du tout d'intermédiaire entre les deux états. »

Ce néant d'énergie entre deux stades d'énergie, comme ce néant d'action mutuelle entre deux orbites voisines, accentue encore le paradoxe de Zénon que M. Campbell évoque très justement dans un autre ouvrage. En effet l'objection traditionnelle contre la continuité du mouvement revient en somme à constater le manque de réalité des états intermédiaires. Cette objection tient dans la question suivante : la flèche qui vole de l'arc au but pourrait-elle exister dans *toutes* les positions intermédiaires ? Mais alors que dans le mouvement continu « *exister* » veut dire simplement avoir *une place unique* dans l'espace intermédiaire, pour le problème de Bohr

(1) Campbell, *loc. cit.*, p. 26.

l'existence a une tout autre tonalité. Ici, *exister*, c'est rayonner de l'énergie. Le quatrième postulat revient donc à affirmer que l'espace qui sépare deux orbites n'a plus de réalité énergétique à l'égard du rayonnement. Nous n'avons donc pas tort de parler d'une accentuation du paradoxe éléatique.

On peut présenter le problème épistémologique soulevé par le quatrième postulat en des termes différents et affirmer que l'état initial n'a d'action que dans son rapport à l'état final. Autrement dit, l'état initial ne détermine nullement la suite des états intermédiaires qui doivent conduire à l'état final. Il intervient là une sorte de détermination discontinue qui ne peut s'analyser avec nos principes usuels de détermination continue. Le phénomène du rayonnement n'est pas déterminé par un mouvement de proche en proche, mais par une certaine fonction des limites de ce mouvement.

Cette fonction de liaison se présente d'accord avec l'allure axiomatique de toute la théorie. Bohr pose en effet comme condition algébrique du rayonnement, l'expression suivante :

$$W - W' = h\nu,$$

où W et W' représentent les valeurs de l'énergie de l'électron sur chacune des deux orbites stables entre lesquelles a lieu le saut, h la constante posée par Planck dans le problème du rayonnement du corps noir et ν la fréquence du rayonnement qui se propage dans l'éther à la suite de la contraction énergétique de l'atome.

Aucune voie analytique ne s'offre pour passer du premier au second membre de cette formule. En particulier, on ne suppose aucune liaison, comme on pourrait le croire, entre la fréquence du rayonnement dans l'éther et la fréquence de la rotation de l'électron sur les orbites. La formule de Bohr est la clef du passage qui conduit du monde de l'atome au monde de l'éther. Mais on dirait que d'un monde à l'autre, il n'y a nulle commune mesure pour le mouvement et que les réalités énergétiques des deux mondes se correspondent univoquement sans cependant influer réellement l'une sur l'autre. Pour bien comprendre le double bilan énergétique il faut rester sur le plan de la correspondance parfaitement réversible telle que les mathématiques l'ont définie dans l'idée fondamentale de fonction. L'éther doit donc être ramené du monde des choses au monde des schémas. Inutile de chercher des propriétés qui transcendent les fonctions algébriques postulées. Il y a là une subtilisation du réalisme de l'éther qui doit frapper le philosophe. Le physicien essaie de ne plus dépasser le domaine de ses définitions et de résister à l'entraînement réaliste. D'ailleurs, aucune analyse conceptuelle n'éclaire la transition énergétique de Bohr ; la formule, toute magique, n'est justifiée que par son succès.

Ce succès fut d'ailleurs considérable. En calculant W et W' suivant les principes de la mécanique nouvelle, on retrouva, comme nous l'indiquerons au chapitre suivant, les lois des phénomènes spectraux.

Il faut bien comprendre qu'une solidarité mathématique si complète apporte dans la science une harmonie d'une espèce toute nouvelle. Certes, dans la Physique du siècle dernier, on était accoutumé à résumer toute théorie ondulatoire dans une même intuition. Mais la racine de l'unité de pensée était en quelque sorte ontologique : c'était le fait qu'une seule et même vitesse portait les vibrations de toutes longueurs d'onde qui assurait la foi en l'unité et en l'existence de l'éther. On passait naturellement de l'unité de propriété à l'unité de substance. L'unification que la Physique contemporaine introduit dans les phénomènes les plus variés suit de tout autres voies. L'unité s'y constitue mathématiquement. Ce n'est plus le phénomène qui est garant d'unité ; c'est la cohérence mathématique qui sanctionne l'unité.

Il nous reste à montrer comment l'harmonie mathématique s'est réalisée pour les phénomènes de l'analyse spectrale et comment on a découvert dans cette voie une nouvelle raison de réduire et de coordonner la diversité matérielle. C'est seulement après avoir éclairci les problèmes de l'analyse spectrale que nous pourrons revenir sur la théorie quantique des phénomènes chimiques.

LIVRE III

CHAPITRE XII

DU REPÉRAGE A LA MESURE. DE LA MESURE A L'HARMONIE MATHÉMATIQUE DANS LES PROBLÈMES DE L'ANALYSE SPECTRALE

En suivant la longue série des recherches spectroscopiques, on pourrait mettre en évidence un nouvel effort de coordination expérimentale. La conquête d'une harmonie mathématique dans les divers problèmes que pose l'observation des raies spectrales serait peut-être même plus frappante que l'ordination qualitative issue des travaux de Mendéléff, car le caractère clairement empirique que présentait la couleur des différentes raies pouvait, à bien des titres, passer pour aussi clair qu'irréductible. Cette couleur semblait en effet une qualité propre à désigner nettement les raies du spectre. En fait, on accepta tout d'abord le classement par couleur comme entièrement satisfaisant et on appliqua aux raies les lettres successives de l'alphabet. Ce classement alphabétique était bien la preuve qu'on acceptait le phénomène dans son empirisme radical.

Au surplus, du point de vue chimique, les phénomènes spectraux paraissaient manquer souvent de sécurité. On avait de grandes difficultés à lier la pureté spectroscopique et la pureté chimique, les critères de pureté étant hétéroclites dans des domaines si différents. Ainsi on crut un instant à l'existence de spectres multiples d'un seul et même élément chimique, tant le déterminisme qualitatif paraissait obscur dans ce domaine complexe. Par exemple, Wüllner prétendait que l'hydrogène avait quatre spectres distincts, variant suivant la pression et la température. D'après Wüllner, les spectres tendraient à devenir continus quand la pression augmenterait. Bertin fait justement remarquer que dans cette hypothèse l'analyse spectrale des astres perd une grande partie de sa valeur. Angström combattit cette opinion et montra l'influence des impuretés à l'état de traces chimiquement inappréciables. Il reconnut dans un des quatre spectres signalés par Wüllner dans l'analyse spectrale de l'hydrogène, le spectre du soufre et il montra que cette impureté provenait de la dessication de l'hydrogène par l'acide sulfurique. Angström conclut ses travaux en proclamant l'invariabilité des spectres élémentaires. C'est là une date importante pour la philosophie des qualités substantielles puisqu'on voit s'affirmer alors la valeur d'un nouveau principe d'individualisation.

Cependant, M. Urbain croit devoir rappeler à la prudence, après même les travaux très précis de Lecoq de Boisbaudran, de Demarçay, de A. de Grammont (1) « Malgré ce progrès, les idées que la plupart des chimistes se font des spectres sont encore insuffisantes. Ils parlent communément du spectre d'un élément comme s'il n'y en avait qu'un, et comme si ce spectre formait un bloc compact constamment identique à lui-même. » Ainsi,

(1) Urbain, *loc. cit.*, p. 26.

même pour les qualités fines et profondes, il est peu philosophique de prendre la substance comme le bloc compact et solidaire de ses attributs, car le côté instrumental de l'excitation interfère profondément avec la désignation substantielle. Ainsi M. Urbain indique que dans le spectre d'étincelle, l'intensité des raies spectrales dépend non seulement du potentiel de décharge, — ce qui donnerait une idée d'énergie assez facilement mise en correspondance avec l'idée d'intensité, — mais encore que la capacité et la self-induction du circuit qui produit l'étincelle ont une influence sur l'intensité des raies, preuve que l'étincelle est un événement très circonstancié et que l'intensité d'une raie, toujours en rapport avec sa détection, est un résumé insuffisant pour caractériser une substance.

Mais supposons toutes ces difficultés résolues et voyons comment un spectre particulier a pu jouer le rôle de schéma d'une substance.

Le problème ainsi simplifié, restaient encore bien des motifs de complexité. C'était d'abord la différence d'intensité des diverses raies d'un même spectre dont on ne voyait aucune raison théorique. C'était ensuite le fait qu'avec de forts pouvoirs dispersifs on arrivait à séparer des raies primitivement confondues. Au surplus, on était frappé de la disproportion du nombre des raies relatives aux différents éléments. Ainsi, lors des travaux d'Angström, on connaissait 2 raies pour le zinc, 4 raies pour l'hydrogène, 450 pour le fer. Comment rendre compte d'une si grande diversité pour une qualité si simple ?

De toute part, on voyait donc l'expérience refuser l'analyse. Il n'y avait place, semblait-il, que pour une science descriptive. Aucune induction claire ne se présentait pour passer d'un corps à un autre et pour fonder une loi générale qui relierait, dans une même théorie, les phénomènes de la dispersion. L'examen du spectre d'un seul corps, en admettant même qu'on ait la sécurité d'éviter toute impureté, semblait peu propre à établir une relation entre les raies de ce spectre particulier. Pendant longtemps on eut confiance dans la spectroscopie comme en un moyen, certainement très délicat, pour identifier un corps, mais on se fit peu d'illusion sur les théories qui tendaient à coordonner le système de repères. L'aspect spectral pouvait paraître une qualité gratuite, de sens tout empirique, dont on n'avait pas davantage à rendre compte que de la couleur.

Bientôt cependant les physiciens s'attachèrent à localiser d'une manière bien précise les diverses raies. Mais comme la place d'une raie dépend de l'appareil de dispersion, on s'efforça d'abord d'objectiver le phénomène à l'égard même de l'appareil qui le produisait. On y parvint assez rapidement. D'ailleurs les spectres fournis par les réseaux donnaient des déviations proportionnelles à la longueur d'onde. On traduisit donc toutes les indications des spectroscopes en déviation normale, c'est-à-dire qu'on en vint à caractériser entièrement les raies par la longueur d'onde de leur couleur.

Avec cette référence à la longueur d'onde, on tenait un motif de mesure ; une arithmétique des raies était possible et l'on pouvait espérer passer de l'ordinal au cardinal.

On se contenta d'abord d'analogies assez lointaines. L'idée de longueur d'onde apportait avec elle toute la théorie des ondulations. Pour expliquer la parenté des divers mouvements vibratoires manifestés par les diverses raies d'un même spectre, on se guida sur les phénomènes acoustiques : les différentes radiations rappelaient les sons harmoniques d'une seule note grave. C'est ce que Stoney proposait dès 1872 (1). Pour exposer ce premier effort de systématisation, si instructif à l'égard de la complaisance qu'on avait à la fin du siècle dernier pour l'explication par simple analogie, prenons le spectre de l'hydrogène tel qu'il était connu de Stoney. Ce spectre comportait alors quatre lignes nettes ; on les désignait ainsi : α dans le rouge, β dans le bleu, γ dans le violet, et δ dans le violet extrême. Laissant alors de côté la raie γ, on prétendait s'appuyer sur le fait que les trois raies α β, δ qui ont pour longueur d'onde en Angström 6563,9 — 4862,1 et 4102, 4 sont alors respectivement désignées par les $\frac{1}{20}$, $\frac{1}{27}$, $\frac{1}{32}$ du nombre 131.277. Ce dernier nombre représenterait la longueur d'onde d'une ligne située dans l'infra-rouge. « Si son existence était constatée, dit Cazin, elle serait due à la vibration fondamentale de l'hydrogène incandescent, et les trois lignes α, β, δ seraient dues aux vibrations harmoniques ayant respectivement les rangs 20, 27 et 32. » Stoney et Reynolds ont étudié dans le même esprit le spectre de l'acide chlorochromique ; ils ont trouvé que les 106 raies examinées représenteraient tous les « sons de la couleur » depuis le 628e harmonique jusqu'au 733e, et cela avec une approximation comparable aux erreurs d'observation.

Il n'est pas besoin d'insister pour montrer la complexité et l'empirisme mathématique de tels rapports. Au surplus, jouant sur de si grands nombres, ces rapports sont entière-

(1) Voir *Annales de Chimie et de Physique*, 4e série, t. XXVI.

ment solidaires de l'ordre de précision des mesures : une décimale de plus et tout l'effort d'harmonie est à reprendre. Enfin, sur l'exemple même que nous choisissons, le caractère gratuit d'une telle systématisation apparaît clairement : on n'a pas tenu compte de la raie γ, alors qu'on assure la théorie en considérant une raie inconnue. Pour incorporer cette raie γ dans la construction arithmétique, il faudrait un nouveau calcul qui mettrait en jeu des multiplicateurs beaucoup plus compliqués que le système de nombres 20, 27, 32. On réussirait, mais cette *réussite à coup sûr* n'a aucune valeur en physique ; elle ne prouve qu'une chose, c'est qu'on peut toujours trouver le plus petit commun multiple d'un système de nombres.

Cette organisation arithmétique fondée sur une analogie facile était de toute évidence prématurée. Il faudra en venir à des recherches plus profondes pour découvrir la véritable solidarité mathématique des séries spectrales.

Après l'effort manqué, étudions donc l'effort qui a réussi à dégager la signification théorique des phénomènes spectraux.

La découverte fondamentale de la spectroscopie théorique, c'est le fait que la fréquence d'une raie se présente mathématiquement comme une *différence de deux termes*. On ne saurait trop méditer ce théorème.

En effet, en s'en tenant à une philosophie de la science issue des travaux de Fresnel et de Maxwell, on ne verrait pas comment on a pu éprouver le besoin de former une substructure de la notion de fréquence. Pour la science fresnelienne, la fréquence est une donnée simple qu'on a toute raison de tenir comme irréductible. Elle se tient sans doute en un rapport simple avec les notions de longueur d'onde et de.période, mais elle constitue un concept primordial qu'on ne peut guère songer à analyser. Si l'on cherche à caractériser une raie spectrale comme un phénomène ondulatoire, on doit donc s'arrêter à sa fréquence comme susceptible de fournir une explication suffisante.

Cependant, si l'on essaie de repérer les diverses raies sur un spectre normal, on se rend compte qu'elles constituent des ensembles appelés séries, souvent difficiles à isoler mais qui sont bien apparentes dans certains spectres. C'est le cas pour l'hydrogène. Il vient donc à la pensée de fixer par une loi la place de la raie dans la série. Balmer établit dès 1885 la formule suivante pour le spectre de l'hydrogène :

$$\nu_n = R\left(\frac{1}{2^2} - \frac{1}{n^2}\right),$$

n étant un nombre entier qui fixe la dispersion des raies. On peut faire varier ce nombre de 3 à 32, on retrouve, avec une approximation étonnante qui dépasse le cent-millième, les raies du spectre visible de l'hydrogène. La formule rend d'ailleurs intuitivement compte de l'accumulation des raies du côté des grandes fréquences.

Paschen, sur les indications de W. Ritz, a pu confirmer expérimentalement une formule similaire pour l'infrarouge :

$$\nu_n = R\left(\frac{1}{3^2} - \frac{1}{n^2}\right).$$

Enfin Lyman a établi pour le spectre ultra-violet de l'hydrogène la formule :

$$\nu_n = R\left(\frac{1}{1^2} - \frac{1}{n^2}\right).$$

Une telle symétrie algébrique confirme l'intuition géniale de Ritz : la fréquence n'est pas le concept fondamental puisque c'est une notion qu'on peut construire à partir de termes qu'on reconnaîtra par la suite inscrits dans la nature des choses. « Chacun des deux termes de la formule (de Balmer) a, en quelque sorte, une existence séparée » (1). La théorie du spectre conduit donc à poser comme primordiaux les termes :

$$\frac{R}{1^2}, \frac{R}{2^2}, \frac{R}{3^2}, \ldots \frac{R}{n^2}.$$

Voilà maintenant le matériel d'explication spectrale. Il n'y a pas là un simple artifice. Sans doute il peut paraître facile de doubler en quelque manière toute fréquence, en la considérant comme différence de deux quantités. Mais alors comme le remarque M. N. R. Campbell (2), par un tel procédé artificiel « nous ne trouverions pas que, lorsque nous avons choisi les termes pour rendre compte des raies, une raie devrait correspondre à *chaque* différence entre deux termes. Nous aurions à choisir un nombre de termes au moins plus grand que le nombre des raies ; en réalité, nous trouvons que le nombre de termes nécessaires est plus petit que celui des raies ». Autrement dit, la notion de terme présente une *économie de l'empirisme*, économie d'une telle portée que M. Campbell pourra encore écrire (3) : « la complexité des termes est presque infiniment moindre que celles des raies qui sont ordonnées par eux. » Mais *tout procédé qui restreint les moyens d'explication nous met sur la voie*

(1) WALTER RITZ, *Œuvres complètes*, p. 173.
(2) CAMPBELL, *loc. cit.*, p. 17.
(3) CAMPBELL, *loc. cit.*, p. 41.

de la rationalisation de l'expérience. Là encore, nous voyons le pluralisme du phénomène s'ordonner en tendant systématiquement vers son minimum. Cette économie systématique — bien éloignée au fond de l'économie occasionnelle et pragmatique prônée par Mach — consacre la notion de terme qui apparaît ainsi, dans la spectroscopie contemporaine, comme une notion à la fois primordiale et organique. L'introduction de la notion de terme spectral marque donc une révolution profonde dans la science moderne. C'est avec des *termes* qu'on construira la notion dérivée de fréquence si longtemps tenue comme une notion quasi immédiate. Ce sont les *termes* que l'on devra éclairer par des schémas. C'est à fonder leur réalité que s'occupera toute une génération de physiciens.

A partir de la notion de termes, on peut poser trois sortes de questions :

1° La combinaison des termes ;

2° La précision des termes ;

3° La signification des termes.

On pourrait sans doute montrer que ces questions se présentent historiquement dans l'ordre énoncé. Mais, en fait, elles sont moins indépendantes qu'il ne le semble à première vue et le problème de la réalité expérimentale est plus solidaire que jamais de l'*instrument mathématique* qui organise cette réalité. Ici apparaît, peut-être plus nettement que dans toute autre partie de la Physique, une solidarité absolue entre les données de la détection fine et le caractère ontologique de l'expérience, le réel étant à la limite d'une suite d'approximations. Malgré cette interaction de la précision et de la signification des termes spectraux, adoptons, pour plus de clarté, l'ordre simple des questions que nous avons distinguées.

1° En ce qui concerne d'abord la constitution des diverses fréquences caractéristiques d'un spectre, Ritz a érigé en principe l'indication fournie par la formule de Balmer mise sous la forme que nous avons adoptée de la différence de deux termes entièrement séparés; autrement dit, la fréquence se présente comme la différence de deux termes spectraux. Tel est le *principe de combinaison* de Ritz. Rien de plus simple. Rien de plus général.

Cette règle n'a pas de réciproque, en ce sens que toute différence de deux termes ne détermine pas une raie. On devra donc joindre au principe de combinaison des règles de sélection qui limiteront les possibilités. Etonnant renversement épistémologique qui conduit à discuter les possibilités mathématiques du réel avant ses enseignements directs. Du réel, nous ne comprenons que ce que nous prévoyons mathématiquement.

2° A dater des recherches de Ritz, le problème de la précision spectrale est toujours un problème de la précision des termes. Si le spectre de l'hydrogène obéissait à la formule de Balmer, les autres spectres présentaient, à l'égard de cette formule, des aberrations notables. On entrepris donc de corriger les termes. Rydberg fut ainsi amené à donner à ces termes la forme suivante :

$$\frac{R}{(n + \alpha)^2},$$

α étant un nombre qui n'est jamais entier et qui est susceptible de prendre diverses valeurs. On obtient alors pour les différents termes caractéristiques d'un spectre d'un élément donné des tableaux comme celui-ci :

$$\begin{array}{llll}
\dfrac{R}{(1+s)^2}, & \dfrac{R}{(2+s)^2}, & \dfrac{R}{(3+s)^2}, & \dfrac{R}{(4+s)^2}\cdots \\
 & \dfrac{R}{(2+p)^2}, & \dfrac{R}{(3+p)^2}, & \dfrac{R}{(4+p)^2}\cdots \\
 & & \dfrac{R}{(3+d)^2}, & \dfrac{R}{(4+d)^2}\cdots \\
 & & & \dfrac{R}{(4+f)^2}\cdots
\end{array}$$

Ritz affina encore la correction de Rydberg et obtint pour le terme la fonction :

$$\frac{R}{[n+\alpha+\varphi(n, \alpha)]^2}.$$

Mais l'introduction, au dénominateur, d'une fonction des mêmes nombres n et α qui spécifient le terme dans la théorie plus simple de Rydberg ne change rien à l'usage des termes. Si l'on objectait d'ailleurs que l'introduction d'une troisième quantité φ (n, α) facilite artificiellement le contact avec l'expérience — plus on est prodigue de paramètres, plus exacte et plus artificielle est la reconstruction du réel — il faudra répondre qu'on n'introduit ici qu'une fonction des deux seuls paramètres suffisants à désigner les termes. Au surplus, c'est dans l'usage des termes, dans leur combinaison, que la construction montre sa valeur.

Sur le tableau que nous avons constitué retrouvons donc le principe de combinaison : nous devons choisir pour les soustraire l'un de l'autre deux termes pris dans des *lignes différentes*. Quant à la règle de sélection, elle consiste à écarter les combinaisons de deux termes pris dans des lignes non voisines. En appliquant la formule de Balmer aux termes ainsi choisis, on obtiendra les formules suivantes pour les fréquences. Ces fréquences se présentent alors réunies en séries qui ont reçu les noms suivants :

série principale

$$\nu = \frac{R}{(1 + s)^2} - \frac{R}{(n + p)^2}, \quad n \text{ variant à partir de } 2,$$

première série secondaire

$$\nu = \frac{R}{(2 + p)^2} - \frac{R}{(n + d)^2}, \quad n \text{ variant à partir de } 3,$$

deuxième série secondaire

$$\nu = \frac{R}{(2 + p)^2} - \frac{R}{(n + s)^2}, \quad n \text{ variant à partir de } 3,$$

série dite de Bergmann

$$\nu = \frac{R}{(3 + d)^2} - \frac{R}{(n + f)^2}, \quad n \text{ variant à partir de } 4.$$

Nous n'indiquons pas le symbolisme habituellement utilisé dans les livres de spectroscopie. Nous préférons maintenir sous les yeux du lecteur la signification première des termes spectraux, nous ne prétendons d'ailleurs que fixer dans sa généralité le jeu de la combinaison et de la sélection. Ce qui frappe, en suivant l'histoire de la précision spectrale, c'est que l'expérience en s'affinant ne fasse que multiplier le nombre des termes sans jamais obscurcir les règles que nous avons indiquées. Ainsi, quand on voudra tenir compte de la structure fine qui explique la multiplicité reconnue à certaines raies, il suffira de déterminer des familles de termes auxquelles on appliquera toujours les mêmes principes.

C'est de cette façon que les doublets des métaux alcalins ont conduit à dresser un tableau où les termes en *p*, en *d*, en *f* ont été dédoublés.

L'étude du spectre des rayons X conduit également à la conception de termes spectraux. Ces termes ont alors la forme :

$$\frac{RN^2}{n^2},$$

au lieu de la forme :

$$\frac{R}{n^2},$$

N est ici le nombre atomique. Dans la différence des termes la valeur N^2 sera en facteur ; on retrouve donc bien la proportionnalité de la fréquence au carré du nombre atomique, ce qui est la loi de Moseley dont nous avons parlé précédemment. Cette loi apparaît d'ailleurs ici clairement inscrite dans l'élément fondamental de la spectroscopie. D'autre part, comme c'est toujours la même constante R qui figure dans les spectres visibles, infra-rouge, ultra-violet et les spectres de rayons X, et comme tous les corps mettent en jeu la même valeur, on ne peut méconnaître l'étonnante unité apportée dans ces phénomènes divers par l'intuition de Ritz. Plus que l'idée générale d'ondulation, la convergence des déterminations expérimentales de R solidarise l'ensemble des phénomènes spectraux.

Il est à noter que la notion de terme est ainsi le résultat d'une double étude qui réclame l'examen approfondi d'un spectre particulier et la comparaison attentive avec les spectres d'autres substances. C'est ce que ne manque pas de remarquer M. Campbell (1). « La preuve de l'existence de termes particuliers est basée juste autant sur la comparaison des spectres d'éléments voisins que sur l'examen de chaque élément particulier. Sans ce principe qui sert de guide, la construction d'un schéma de termes serait tout à fait impossible. » Ainsi dans le domaine spectral lui-même où le pouvoir d'individualisation semble avoir si rapidement acquis une netteté décisive, on se rend compte qu'une étude *extensive* des substances est indispensable pour déterminer avec précision les caractères singuliers et précis d'une substance particulière. Nous avons donc peut-être raison d'élever la dualité d'examen, la réciprocité de l'extension et de la compréhension, au rang même des principes épistémologiques fondamentaux. Ici encore, la substance individuelle ne devient vraiment visible et claire que dans la perspective des substances. C'est dans cette perspective qu'une connaissance claire devient distincte.

3° Il nous reste maintenant à trouver la signification réelle de la notion de terme spectral qui s'est introduit, comme nous venons de le voir, dans l'organisation mathématique de l'expérience.

A ce sujet, l'idée primordiale de Bohr est que le terme désigne un état de l'atome. Cet état est caractérisé par une certaine énergie. Le terme exprimé en fonction de l'énergie est alors $\frac{W}{h}$. On rejoint ainsi la relation quantique fondamentale que nous avons indiquée précédemment.

(1) Campbell, *La structure de l'atome*, p. 73.

Il pourrait sembler qu'il n'y ait encore ici qu'une désignation formelle appuyée sur des raisons d'homogénéité. Mais voici où le sens expérimental des termes spectraux se précise. Sommerfeld a établi que tous les termes d'un même spectre représentaient les énergies intermédiaires entre l'énergie de l'atome à l'état normal et l'énergie de l'atome qui, par une ionisation complète, a perdu un électron. L'expression du « terme » en fonction de l'éloignement de l'électron au noyau atomique apparaît donc comme toute naturelle et le schéma des orbites de plus en plus larges est ainsi fondé sur l'expérience des ionisations partielles.

Les confirmations de ce rapprochement sont nombreuses. Puisque les diverses raies d'un spectre caractérisent les étapes de la perte d'un électron, un atome qui ne peut perdre qu'un électron devra donner un seul spectre ; c'est bien le cas de l'hydrogène. Si un atome peut perdre deux électrons, l'analyse spectrale devra trouver deux spectres indépendants. C'est bien le cas de chacun des métaux alcalins. Chacun de ces éléments peut donner, suivant le mode d'excitation, deux spectres individuellement si caractéristiques que ces spectres d'un même corps pourraient aussi bien appartenir à deux corps différents. Autrement dit, deux électrons d'un même atome alcalin se dégradent énergétiquement, chacun sur un mode particulier et les phases de cette dégradation énergétique apparaissent sériées avec une grande netteté dès qu'on peut suivre l'électron particulier qui la subit. On aboutit à ces deux conclusions dans le domaine même de l'énergétique : 1° la raie spectrale a une signification nette parce que les termes sont liés à des niveaux d'énergie précis ; 2° la série des raies aussi est nettement individualisée par l'électron dont l'énergie se dégrade.

On voit donc s'établir une correspondance entre deux ordres d'expériences qui pouvaient passer pour radicalement différents : les degrés d'ionisation et les raies spectrales. Après un long effort théorique, les phénomènes les plus divers trouvent ainsi une raison d'harmonie. Il ne s'agit d'ailleurs pas là de la double réplique phénoménale d'une réalité cachée ; une véritable coopération instrumentale entre électromètre et spectroscope vient sanctionner ce rapprochement. Un des aspects de la variation énergétique de l'atome peut alors permettre d'éclairer et de prévoir l'autre aspect. Si, habituellement, on infère du terme spectral au potentiel d'ionisation intermédiaire, il est cependant des cas où l'inférence inverse est utile. « Le potentiel de rayonnement, dit Campbell (1), est devenu une puissante méthode pour l'investigation du spectre ultra-violet extrême, où les autres méthodes sont difficiles. Connaissant, par la mesure des potentiels de rayonnement d'un élément... la relation entre le potentiel de rayonnement et la fréquence de la raie émise, nous pouvons découvrir la position de quelques-unes des raies de son spectre, même si elles sont dans une région où l'absorption est si universelle et puissante que la radiation ne peut franchir une distance appréciable que dans un vide très élevé. » Rien de plus instructif que ces substitutions instrumentales. Elles triomphent de l'aspect morcelé d'une phénoménologie trop volontiers soumise aux données d'une philosophie sensualiste. Comment les

(1) Campbell, *Théorie quantique des spectres*, p. 31.

sens imposeraient-ils désormais une classification des phénomènes en compartiments entièrement étrangers quand on voit les instruments les plus variés confirmer une même théorie et se suppléer jusque dans la découverte. On est naturellement amené à se rendre mieux compte de l'unité possible des différents plans de la phénoménologie, caractérisés chacun par un niveau de précision dans la mesure. C'est un cas curieux de la convergence des approximations d'un même ordre.

La possibilité de réaliser les termes spectraux s'est encore accentuée quand les hypothèses de Bohr sur les orbites quantifiées ont conduit à l'expression de la constante empirique R en fonction de la masse et de la charge de l'électron. On a trouvé :

$$R = \frac{2\pi^2 m e^4}{h^3}.$$

Les calculs faits en remplaçant m, e, h par leur valeur trouvée dans des expériences indépendantes ont donné un résultat très voisin du nombre fixé par la spectroscopie. L'accord est d'autant plus remarquable que les grandeurs qui interviennent dans la construction de Bohr n'ont *à priori* aucun caractère spectroscopique et qu'il ne subsiste aucun coefficient empirique susceptible d'aider à la convergence des déterminations et de faire rentrer l'expérience dans la construction algébrique. On peut vraiment dire ici qu'*un fait devient une loi*. L'expérience est réduite à ses éléments et elle est retracée intégralement par le jeu fonctionnel de ses éléments. Il est peu d'exemples qu'une clarté théorique pénètre aussi loin dans l'analyse des faits. On doit reconnaître à cette occasion combien les procédés discursifs de la science dominent la prise directe que l'intuition ou l'expérience immédiate nous donnerait du phénomène. C'est par sa reconstruction théorique seule que l'expérience peut faire la preuve de ses racines objectives.

La construction de Bohr ne nous donne que la constante simple de Balmer. La rectification de Sommerfeld qui proposa d'appliquer la mécanique einsteinienne à l'étude des orbites de Bohr permit de rendre compte de la structure fine des raies multiples. Il a suffi d'ailleurs de considérer la masse de l'électron comme variable avec la vitesse, ainsi qu'il est de règle dans la dynamique einsteinienne, pour que le problème des orbites se transformât en un problème à deux degrés de liberté. C'est ainsi qu'en remontant aux sources théoriques du problème on trouva le moyen de faire intervenir deux paramètres dans les termes spectraux. On passa donc théoriquement des termes de Balmer aux termes de Rydberg. Ainsi tous les éléments de l'expérience apparaissent dans une *abstraction réalisée progressive.*

Une étude plus poussée demanderait un élargissement de la base d'explication. Nous allons nous borner à donner une idée de la synthèse théorique réalisée par la description quantique des substances.

CHAPITRE XIII

LA DESCRIPTION QUANTIQUE

Nous devons donc essayer d'indiquer dans ses grands traits le système de description arithmétique qui s'est imposé peu à peu à la Chimie. Nous verrons que cette description générale est coordonnée par un principe nouveau, le principe de Pauli, qui vient soudain éclairer d'une lumière rationnelle le tableau des substances élémentaires. Avec ce principe de Pauli s'achèvera la cohérence arithmétique du divers (1).

Ce qu'il y a d'abord de frappant dans la description quantique des phénomènes spectraux, c'est la clarté apportée par l'étude *comparée* des éléments. Le tableau de Mendéléeff va, là encore, se révéler comme un instrument de travail d'une singulière valeur.

Le tableau dégage des périodes inégales :

1° une période de *deux* éléments, hydrogène et hélium ;

2° et 3° deux périodes de *huit* éléments. Ces deux *petites* périodes commencent toutes deux par un métal alcalin et finissent par un gaz noble. Elles se développent en un parallélisme parfait.

(1) On trouvera dans le livre récent de MM. Rabinowitsch et Thilo (*Periodisches System*, Stuttgart, 1930) une étude détaillée des éléments en rapport avec le Principe de Pauli.

4° et 5° deux *grandes* périodes de dix-huit éléments se déroulant aussi parallèlement sur deux lignes du tableau ;

6° une *très grande* période groupant trente-deux éléments, y compris l'annexe des terres rares ;

7° une période de six éléments seulement qu'on n'hésite pas à considérer comme une période mutilée. Elle ne contient que des éléments radio-actifs. Comme ces éléments se désagrègent, c'est peut-être là la raison de la disparition des éléments à poids atomique supérieur à celui de l'uranium. Certains auteurs se confiant à des raisons systématiques prétendent achever cette période. Citons par exemple les travaux aussi curieux qu'audacieux de M. Charles Janet (1) qui n'hésite pas à poursuivre la désignation des éléments jusqu'au nombre atomique 120. Citons encore une tentative, plus en harmonie avec l'interprétation électronique, qui caractérise la série finale jusqu'à l'élément 118 (2).

Quoi qu'il en soit de ces extrapolations, nous pouvons retenir, en faisant abstraction de la dernière période, les nombres 2, 8, 18, 32 comme caractéristiques des périodes complètes.

Ces nombres qui se présentent, semble-t-il, dans la tranquille apparence d'un empirisme radical peuvent-ils cependant nous livrer une loi organique ? Le philosophe, devant une telle question, ne peut écarter le souvenir de certaines recherches pythagoriciennes ; il n'ose pas se départir de la philosophie d'un pluralisme pris purement

(1) Ch. Janet. *La classification hélicoïdale des éléments chimiques* Beauvais, 1928.

(2) Voir *Scientia*, IV, 1928. Article de M. Bligh.

et simplement comme un donné gratuit ; il ne veut pas passer, en revenant à l'idéal de Pythagore, d'*une ontologie énumérée* à une *ontologie numérique*.

C'est cependant dans cette voie du réalisme mathématique que les savants entrèrent hardiment. Après quelques essais, ils remarquèrent que les nombres 2, 8, 18, 32, tous pairs, pouvaient s'écrire :

$$2 \times 1^2, \qquad 2 \times 2^2, \qquad 2 \times 3^2, \qquad 2 \times 4^2.$$

On voit donc s'introduire, au facteur 2 près, la suite des carrés des nombres entiers successifs. Or, suivant une règle élémentaire des progressions arithmétiques, chacun des carrés est égal à la somme des nombres impairs ; en effet, on voit de suite que les équations suivantes indiquent une règle générale :

$$2^2 = 1 + 3$$
$$3^2 = 1 + 3 + 5$$
$$4^2 = 1 + 3 + 5 + 7.$$

Il faut donc maintenant trouver une formule de sommation qui résume cette formation des carrés. C'est à quoi tend la formule de Bohr. Pour en faire saisir le sens, il nous faut d'abord indiquer brièvement les principes de la quantification relative aux électrons.

On attache d'abord à chaque électron d'un atome un premier nombre quantique n. Ce sera le quantum principal ou total (il est total parce qu'il donne une mesure de toute l'énergie, il est principal parce que la détermination des autres quanta l'implique). D'après l'ordre de la numération quantique, les nombres quantiques faibles correspondent aux énergies fortes. Si $n = 1$ l'électron est au niveau maximum d'énergie, il est sur la couche la plus profonde K ; si $n = 2$; l'énergie de liaison de l'électron et du noyau est plus faible, l'électron est sur le niveau L ; les quanta 3, 4... correspondent de même à des couches M, N... de plus en plus éloignées du noyau.

Cette numération quantique suffit pour donner en première approximation une description des spectres. Mais pour interpréter de plus près l'expérience, on est amené à considérer pour chaque électron un deuxième nombre quantique k, dit azimutal. Sa détermination est limitée par le fait qu'il ne doit pas dépasser n ; zéro aussi est exclu. On ne tarda pas d'ailleurs à substituer à k le quantum l défini par la relation : $l = k - 1$, ce qui donne pour l les n possibilités suivantes :

$$n - 1, \quad n - 2, \cdots \quad 1, \quad 0.$$

Ces limitations étant admises, on voit immédiatement que la couche K, caractérisée par $n = 1$ ne pourra pas se dédoubler, car les deux quanta y sont déterminés. Elle est donc caractérisées par la combinaison :

$$n = 1, \qquad l = 0.$$

Mais la couche L, dont le quantum total est $n = 2$ se divisera en deux couches, caractérisée par des quanta différents

$$n = 2 \left\{ \begin{array}{l} l = 0 \\ l = 1. \end{array} \right.$$

Pour la couche M, on trouvera 3 possibilités :

$$n = 3 \left\{ \begin{array}{l} l = 0 \\ l = 1 \\ l = 2. \end{array} \right.$$

Et ainsi de suite.

Cette numération cardinale des quanta est naturellement en étroit rapport avec la numération ordinale des raies du spectre. Pour établir cette correspondance, il faudrait entrer dans des développements techniques. Mais ce que nous avons besoin de faire remarquer pour notre objet, c'est que le quantum l permet de pousser assez loin l'étude détaillée des spectres.

C'est d'ailleurs ce quantum l qui va nous permettre de pénétrer dans le secret de la distribution en périodes inégales du tableau des substances élémentaires, d'après la formule de Bohr que nous annoncions plus haut. C'est avec le quantum l que nous allons reconstruire la suite des carrés parfaits dégagés d'une manière plus ou moins arbitraire du nombre des éléments groupés dans les périodes.

Bohr a admis que le nombre maximum d'électrons contenus dans les couches K — L_0, L_1 — M_0, M_1, M_2... est donné par la formule $2\,(2l + 1)$.

On déduit alors le tableau suivant qui détermine le sens électronique profond des périodes 2, 8, 18 et 32.

Couches	K	L		M			N			
n	1	2		3			4			
l	0	0	1	0	1	2	0	1	2	3
$2(2l + 1)$	2	2	6	2	6	10	2	6	10	14
Nombre maximum d'électrons	2	8		18			32			

On voit donc bien, comme le fait remarquer M. Eugène Bloch (1) que l'arithmétique quantique « peut fournir un fil directeur pour l'interprétation théorique de la formation du tableau ». A vrai dire, il a été nécessaire, pour suivre de plus près la pluralité des phénomènes spectraux, d'introduire encore d'autres nombres quantiques. Mais cette complexité accrue change à peine l'organisation quantique du plan de Mendéléeff.

On pourrait aussi objecter que la règle de Bohr garde un certain arbitraire et qu'elle retrouve d'une manière factice la correspondance du nombre des électrons avec le nombre des éléments dans les diverses périodes. On ne voit pas bien par quels caractères l'électron fixe les quanta. Mais c'est là encore la fausse idée réaliste de la qualification directe de l'électron par les quanta qui amène cette objection. Nous souffrons d'un déficit de la pensée métaphysique. En effet, il paraît bien nous manquer encore un type de pensée qui expliquerait, par une sorte d'attribution de groupe, le partage des quanta sur les différents électrons. Autrement dit, la pluralité des électrons et la pluralité des quanta devraient être mises en correspondance immédiate. C'est dans cette voie qu'on pourrait peut-être interpréter directement la règle de Pauli. Quand le développement de la théorie quantique des spectres eut conduit à la considération de 4 nombres quantiques, Pauli reconnut l'utilité de la règle d'exclusion suivante : il n'existe jamais dans un atome plus d'un électron pour lequel les quatre nombres quantiques aient des valeurs données. Cette règle convenablement interprétée donne la formule

(1) Eugène Bloch, *L'ancienne et la nouvelle théorie des quanta*, p. 62.

limitative de Bohr. Elle mesure le réel en fixant l'impossible. Cette règle ne s'éclairera pas en méditant la nature particulière de l'électron ; au contraire elle s'affirmera mathématiquement par des considérations de convenance générale, dans une pensée qui enserre et systématise une pluralité de conditions.

Une fois de plus, la rationalisation du possible a précédé et préparé la rationalisation du réel. D'une façon générale, ce qui désormais ne peut manquer de nous frapper, c'est que nous avons dépassé une science centrée sur une expérience particulière. Qu'on veuille bien reprendre dans un même coup d'œil l'évolution suivie depuis le début de la spectroscopie. On verra que le spectre d'un élément pris d'abord comme qualité pure, comme qualité spécifique, a d'abord conduit à des lois du type de Balmer où un spectre se résumait métriquement dans une formule algébrique. Puis les formules d'éléments divers convenablement rapprochées se sont fondues dans une formule générale, où des paramètres gardent la puissance de généralisation. Jusque là, rien de trop nouveau pour l'épistémologie et l'on pourrait peut-être encore soutenir que cette conquête du général est un fait commun dans la science. En jugeant ainsi, on oublierait cependant un trait essentiel : c'est le rôle de guide joué dans cette recherche par le plan général des substances. Le rôle spectral de l'électron n'eût pas suffi à dégager une limitation du nombre des électrons oscillants. Ce sont les périodes mises à jour par le tableau de Mendéléeff qui ont donné la grille pour lire les hiéroglyphes de Ritz.

Ce n'est donc pas l'étude spectrale des substances les unes après les autres qui dessine la voie de la généralité. Il s'agit ici non pas d'une simple comparaison de proche en proche, mais bien d'une comparaison d'ensemble, qui ne s'éclaire que dans une vue d'ensemble en faisant la preuve que *l'extension* de la connaissance est achevée.

On pourrait suivre aussi, dans une tout autre voie, le progrès de l'harmonie mathématique. On verrait en reprenant le problème de la quantification à partir de la mécanique ondulatoire que des lois générales viennent augmenter encore le caractère rationnel de cette quantification. Par exemple, en méditant la méthode de Schrödinger on ferait comprendre que le discontinu des valeurs propres qui permettent de fixer les fréquences des raies spectrales sortent en quelque manière mathématiquement d'un continu de simples possibilités. C'est une *seule* équation qui donne l'ensemble des solutions. Le pluralisme des quanta reçoit alors une cohérence profondément rationnelle.

En relatant encore l'interprétation ondulatoire de la radioactivité, on pourrait faire pénétrer la théorie des quanta dans la théorie du noyau atomique. Du moins, on rendrait raison de certaines lois concernant la structure du noyau, comme par exemple, la loi de Harkins qui constate que dans la suite des éléments, un élément de nombre atomique pair est toujours plus fréquent que ses deux voisins de nombre atomique impair (1). On verrait, dans cette théorie, l'empirisme reculer encore d'une étape, puisqu'après le règne de la qualité substantielle, c'est le règne même de la quantité relative des substances qui trouverait une explication.

(1) Cf. HAAS, *Quanta et Chimie*, trad., 1931, p. 67

Mais toute cette science nouvelle oblige le philosophe à reprendre à partir de la base l'évolution des concepts de la mécanique quantique et de la mécanique ondulatoire. Nous ne pouvons pas entreprendre cette tâche incidemment dans le présent ouvrage.

CONCLUSION

LE PROBLÈME PHILOSOPHIQUE DE L'HARMONIE SUBSTANTIELLE

Le concept d'harmonie est presque aussi ancien dans la philosophie que le concept de réalité. Ces deux concepts jouent d'ailleurs vis-à-vis de la réflexion philosophique des rôles étrangement parallèles. En effet, la première pensée qui vient à l'esprit, c'est de traiter l'harmonie comme un principe inscrit au cœur même du réel. Harmonie et Réalité seraient également primordiales : de même qu'il suffirait d'ouvrir les yeux pour recevoir la première leçon de réalisme, il suffirait du même coup d'œil pour comprendre que le Monde est ordonné. Il y a là une *harmonie naïve* qui dépasse peut-être dans ses prétentions le réalisme naïf, en ce sens qu'une telle conception harmonique du Monde refuse les lenteurs et les précautions de l'empirisme et qu'elle s'achève dans l'esprit sans même se soucier d'une connaissance préalable de la Nature.

D'ailleurs, réalisme et harmonisme, sous cette forme naïve vont de conserve jusqu'aux âges scientifiques. M. G. Urbain remarque précisément que l'école « scientiste » du siècle dernier est encore attachée à cette philosophie de l'harmonisme immédiat. Pour cette école (1),

(1) G. Urbain, *Les disciplines d'une science*, p. 2 et 5.

« il existe dans la Nature une Harmonie inéluctable et parfaite ;... cette Harmonie nous est inévitablement connaissable »... « Des savants actuels, outrancièrement déterministes,... ont fait (de l'Harmonie de la Nature) une entité, peut-être un dogme. » Dans certaines âmes, l'éclectisme de l'admiration est si large que cette diversité conciliée par l'harmonie fait à la fois la preuve de la richesse de l'acte créateur et de son unité. Ainsi Herschell, s'appuyant sur le fait que malgré des différences essentielles les atomes peuvent être rangés en un petit nombre de classes, prétend que cette possibilité de classification détruit « l'idée d'une manière éternelle et existant par elle-même, en donnant à chacun de ces atomes les caractères essentiels d'un objet fabriqué et tout à la fois d'un agent subordonné » (1).

Cette harmonie toute faite, en liaison directe avec la pensée d'un Créateur, nous ne pouvions en faire état. C'est une idée pure qui peut bien donner un discours cohérent ; mais l'effort scientifique ne peut se confier à cette force d'unité préliminaire. Il nous fallait donc partir de la diversité reconnue dès le premier essai expérimental. En nous engageant dans cette voie mal tracée, nous avons sans doute trouvé un avantage philosophique. En effet, en mêlant les efforts de la raison et de l'expérience, nous avons peut-être réussi à remplacer peu à peu l'harmonie considérée comme un fait par l'harmonie considérée comme un raisonnement. C'est sur cette substitution épistémologique que nous voudrions, pour conclure, attirer l'attention.

(1) J. F. W. Herschell, *Discours sur l'étude de la philosophie naturelle*, trad., 1834, p. 36.

Il nous semble d'abord qu'on pourrait, à certains titres, considérer le raisonnement expérimental qui se confirme par le moyen d'une harmonie comme une extension du raisonnement inductif. Il s'agit en effet d'une induction qui *franchit les classes*, qui postule d'une qualité à une autre qualité, qui se confie à une homographie des substances. Différents éléments, intégrés dans une série, reçoivent de cette série comme le reflet d'une unité idéale. Comme le dit très justement M. Lalande, précisément à propos de la classification de Mendéléeff (1) « la sérialité peut être considérée comme un cas particulier de la continuité ». Il semble en effet que la continuité d'un ordre transcende la discontinuité des faits. au point qu'on pourrait parler de la continuité d'un discontinu bien ordonné. Ici, comme en mathématiques, la loi de la série prime la structure des éléments, ou du moins on ne retient de la structure des éléments que ce qui éclaire la construction d'une loi générale facilitant les inductions les plus audacieuses. On peut dire vraiment que la pensée inductive passe du phénomène au noumène ; autrement dit encore, on a l'impression d'avoir trouvé la *raison* de l'induction (2).

Il en résulte, comme nous l'avons montré, une étonnante mobilité de la *valeur exemplaire* : on dispose de tant d'exemples, que n'importe quel exemple a une valeur générale. Dès lors, l'exemple n'est plus un simple rappel, mais bien une explication. Ainsi, un corps de la chimie organique n'aura souvent pas d'autre intérêt que de donner l'exemple d'une fonction. Il *réalise* pour un instant une théorie. Il illustre une harmonie.

(1) A. Lalande, *Théories de l'induction et de l'expérimentation*, p. 216.
(2) Cf. Cassirer, *Substanzbegriff und Funktionsbegriff*, p. 290, p. 292.

La valeur inductive d'une pensée harmonique est d'ailleurs très souple ; elle se transpose à des degrés différents de la nécessité.

On pourrait en effet rapprocher la recherche d'une pensée harmonique d'un *principe de construction suffisante.* On verrait que, sans avoir des raisons positives de généraliser une structure, on peut avoir des raisons qui nous inclinent à généraliser une construction. Dans cette voie, on trouverait le moyen d'intégrer, dans les principes d'inférence, des raisons de symétrie et même des besoins d'ornementation. Il semble que les thèmes rationnels de notre connaissance du réel acceptent et appellent les variations de l'expérience. Une esthétique de la connaissance vient alors s'animer au contact de l'esthétique des substances. Réciproquement, la rationalité de la science est confirmée par les variations bien ordonnées de l'expérience plus encore que par une identité monotone. Les substances chimiques, comprises dans un pluralisme cohérent et harmonique, suggèrent des possibilités de construction. On en vient, à propos du réel, à une étude systématique du possible. Dans le monde du chimiste, on ne peut certes pas dire que tout ce qui est possible existe naturellement, mais on peut affirmer que tout ce qui est possible peut être fabriqué. Il n'y a pas là un simple truisme : le possible étudié par la chimie n'est pas un possible gratuit, c'est déjà un programme de réalisation, un schéma pour des expériences qui ont un gage de réussite, car il ne s'agit que d'incorporer des circonstances convenables à des actes substantiels nettement définis. En chimie, ce qui peut être pensé avec cohérence, ce qui est systématiquement possible, peut être *réalisé* dans le plein sens du terme.

La compossibilité démontrée désigne déjà une méthode de composition.

Voici d'ailleurs un trait bien spécial de la science physique moderne : elle devient moins une science de faits qu'une science d'*effets*. Quand nos théories ont permis de prévoir l'action possible d'un principe donné, nous nous acharnons à réaliser cette action. Nous sommes disposés à y mettre le prix nécessaire, mais il faut que l'*effet* se produise dès l'instant où il est rationnellement possible. Ainsi alors que l'effet Kehr est facile à réaliser, l'effet Zeemann demande des moyens plus puissants. L'effet Stark réclame des champs électriques très intenses. Mais les moyens sont toujours trouvés quand le but est désigné rationnellement. Pour un phénomène prévu rationnellement, peu importe d'ailleurs l'ordre d'approximation de la vérification. Il ne s'agit pas tant de grandeur que d'existence. Souvent l'expérience commune est une cause de découragement, un obstacle ; c'est alors l'expérience raffinée qui décide de tout, car c'est elle qui oblige le phénomène à montrer sa structure fine.

Il y a là toute une philosophie d'un *empirisme actif* bien différente d'une philosophie de l'empirisme immédiat et passif qui prend l'expérience d'observation pour juge. L'expérience ne prononce plus des jugements sans appel ; ou du moins, tant qu'elle se refuse à sanctionner notre attente, on fait appel à une expérience nouvelle. L'expérience n'est plus un point de départ, elle n'est même plus un simple guide ; elle est un *but*. On pourrait de même soutenir que certaines conditions de stabilité chimique forment des buts de la chimie naturelle. Sommerfeld dit précisément (1) : « G. N. Lewis

(1) SOMMERFELD, *loc. cit.*, t. I, p. 129.

a cru voir dans la configuration des gaz nobles le but vers lequel toutes les réactions chimiques tendent. » Au fond, ce qui manque à la nature pour faire de l'ordre, c'est que les matériaux soient à pied-d'œuvre là où la nature peut construire, dans le microscosme : mettez en présence ce qu'il faut de protons et d'électrons, elle fera un gaz noble.

Quand on considère cette mise en ordre, soit active, soit naturelle, on a l'impression de parcourir une totalité bien définie, un système de substances bien complet, évidemment fermé sur lui-même. De même qu'on a défini une induction complète, on pourrait peut-être parler ici d'une *construction complète*. Un pluralisme à 2, 3, 4, 5 ou 7 termes pourrait sans doute se coordonner en un pythagorisme tout en déductions ; mais un pluralisme à 92 termes ne peut se constituer en système que par une pensée constructive. Il faut que cette construction fasse la preuve de son achèvement.

Si l'on se rend compte maintenant que cette harmonie des substances ne s'établit pas seulement dans un monde de formes ou même de schémas, mais qu'elle se répète et se développe dans des domaines de plus en plus abstraits, on est sans doute plus incliné à considérer les preuves d'harmonie comme des preuves rationnelles et non plus seulement comme des arguments de fait. Comment ne pas voir que c'est l'abstrait qui prolifère dans la théorie chimique moderne ? Comment ne pas reconnaître le privilège du lien mathématique pour coordonner un immense domaine d'expériences ? Liebig n'avait pas craint de modifier la loi positiviste des trois états pour inscrire comme idéal scientifique ce qu'on pourrait appeler l'état mathématique. « Les sciences inductives, disait-il (1), commencent par la matière ; puis arrivent les idées justes, et enfin, les mathématiques... qui achèvent l'œuvre. » Il s'agit en effet, avec les mathématiques, de remplacer les idées justes par les idées fécondes, de substituer aux idées qui résument, les idées qui inventent. C'est par les mathématiques qu'on peut vraiment explorer le réel jusqu'au fond de ses substances et dans toute l'étendue de sa diversité. Dans la science contemporaine se dessine le panorama mathématique de la matière.

(1) Liebig, *Nouvelles lettres sur la chimie*, trad. Gerhardt, 1852, p. 297.

INDEX DES AUTEURS CITÉS

TABLE DES MATIÈRES

Achevé d'imprimer en septembre 2016 par

ISI Print
15 rue Francis de Pressensé
93210 La Plaine Saint-Denis

N° d'impression : 123207

Imprimé en France